朱歧祥著

王國維學術研究

文史哲學集成

文史哲出版社印行

國立中央圖書館出版品預行編目資料

王國維學術研究 / 朱歧祥著. -- 初版. -- 臺北
市：文史哲，民84
面；　公分. -- (文史哲學集成；342)
ISBN 957-547-936-X(平裝)

1. 王國維 - 學術思想

112.8　　　　　　　　　　　　84002311

文史哲學集成　㉚

王國維學術研究

著　者：朱　　歧　　祥

出版者：文　史　哲　出　版　社

登記證字號：行政院新聞局局版臺業字五三三七號

發行人：彭　　　　正　　　雄

發行所：文　史　哲　出　版　社

印刷者：文　史　哲　出　版　社

台北市羅斯福路一段七十二巷四號
郵撥○五一二八八一二彭正雄帳戶
電話：三　五　一　一　○　二　八

中華民國八十四年三月初版

實價新台幣二八○元

王國維先生遺像

王國維學術研究

總 目

序 言……………………………………………………………… 1

第一章　論王國維之死……………………………………………… 3

　第一節　前言…………………………………………………… 3

　第二節　由〈紅樓夢評論〉論王國維生死觀………………… 5

　第三節　由〈人間詞〉論王國維生死觀……………………… 9

　第四節　結語……………………………………………………12

第二章　論王國維的治學……………………………………………17

　第一節　近代學術流派簡說……………………………………17

　第二節　論王國維的治學歷程…………………………………19

　第三節　論王國維的治學方法…………………………………21

第三章　《觀堂集林》選評…………………………………………35

　第一節　有關論述卜辭的文章…………………………………35

　第二節　有關考釋文字的文章…………………………………50

　第三節　有關文字源流的文章…………………………………57

　第四節　有關音韻的文章………………………………………62

　第五節　有關古代禮器的文章…………………………………67

　第六節　有關論述經學的文章…………………………………75

　第七節　有關研究邊疆外族的文章……………………………82

　第八節　有關研究考古材料的文章……………………………87

第九節　有關板本考證的文章……………………………………90

第四章　論〈說文練習筆記〉………………………………………95

第五章　讀〈觀堂尚書講授記〉……………………………… 105

第六章　悲情與哲思──王國維《人間詞》選評…………… 127

第七章　〈靜庵詩稿〉讀……………………………………… 163

序　言

　　王國維先生是近代中國學者中的通儒，他的影響遍及經學、史學、小學、哲學、詞學、文學批評、金石學、板本學、敦煌學、紅學，以及甲骨學。他的治學方法更是兼通中外、博引古今，爲後人開啓無數門徑。

　　本人性情多與王先生契合，彼此在年青時代都嗜讀叔本華、尼采等著作。平生治學，更是深受王先生文章的啓發。由文學而哲學而小學而甲骨學，彼此的治學歷程頗爲類同。太史公說：「述往事，思來者」，其眞知我者，亦唯王先生耶！前輩治學的風範，後生雖未能至，心嚮往不已。今年特爲諸生開授〈王國維研究〉乙課，亦聊以追念故人。這是中國海峽兩岸大學中文系首次開設研讀王先生學術的課程，在復興中華文化徒然爲政治口號的今天，其意義自然更加特殊。該課程主要討論王先生自三十六歲以後的學術成果。本書的撰述即是該課程的講稿，每周講授二小時，平均撰述論稿約萬餘字。先後耗時三月撰畢。其中的〈論王國維之死〉曾發表於臺中靜宜大學中文系的研討會。〈王國維人間詞選評〉一文亦已在浙江海寧的王國維學術會議中宣讀。

　　本書諸篇論著擬由不同的學術課題切入，藉著對王先生文章的分析，歸納其過人的治學方法，作爲諸生研治中國學問的指南。本書並針對王先生感性和理性的論著，分別加以評述，從而突顯傳統中國讀書人的風采和對中國學術文化的肯定。本書討論的材

料，容或有粗略不周的地方，唯其對於王先生學術的評介，信爲當世學者肯首無疑。全書共分七章。前人謂：「讀其書不可不知其人」，故首章先交待王先生的內心世界。吾人由王先生文章的自白，直接分析其投湖自殺與其矛盾個性的關係。次章論王先生的治學歷程及在近代學界的位置，並詳細歸納王先生治學的客觀態度和科學方法，給予讀者一宏觀的了解。第三章切入探討其晚年學術定稿《觀堂集林》。由對該書中各類文章的解讀及評論，反映王先生冷靜靈敏的理性分析能力和治學的忠誠，作爲吾人論述的指引和範文。第四、五章整理王先生有關講授《說文》和《尚書》的各種方法，啓示吾人治學的門徑。第六、七章談論王先生的詩、詞，由悲情與哲思兩個角度剖析其內心感性而矛盾的一面；此與首章論其人可相參照呼應。唯僅由區區七篇文章分析此一代通儒，疏陋處必然不少。野人獻曝，尙請方家指正。

第一章　論王國維之死

第一節　前言

一九二七年六月二日王國維先生在北京頤和園投水自盡。

根據王先生門人趙萬里先生原載《國學論叢》第一卷三號的〈靜安先生年譜〉，王先生於投湖前夕「熟眠如常」，是日一早亦神色無異，「盥洗飲食，赴研究院視事亦如常」，其後從容雇車至頤和園，仍安詳的「盡紙煙一枝」，方始投水自盡。事後發現其裏衣中早有前日寫定的遺書一紙，「字跡完好」，遺書的內容對於身後諸事均安排妥當，對諸子且一再叮嚀勸勉，「謹慎勤儉」，語氣懇懇。可知王先生當日的厭世是經過熟慮深思，並非乘一時衝動而為。

關於王先生的死因，歷來眾說紛紜。有認為是對清室的愚忠殉節①、有以為是痛於傳統文化的崩潰②、有指稱是與羅振玉交惡，被羅氏逼迫致死③、有說是因病厭世④、有認為以世局動蕩，畏懼軍閥的羞辱而自殺⑤，率皆就王先生之遺書中「經此世變，義無再辱」一句，爭相附會，言人人殊，莫衷一是。然而，細審王先生的編年文，自丙寅五十歲八月其長子潛明病篤，以迄丁卯五十一歲五月投湖，前後不到十個月間，王先生總共完成了十九種著作。⑥王先生雖有失子之痛，「益復寡歡」，但由其著述不斷，可見其內心的清明，鑽研學問仍為其心靈的寄託。上述的世俗煩惱，顯然不足以輕易推翻其多年由學術所建立的精神支柱。陳寅恪先

生於王先生《遺集》序言中，曾有一段較客觀的是非之論：

> 「寅恪以為古今中外，志士仁人，往往憔悴憂傷，繼之以
> 死。其所傷之事，所死之故，不止局於一時間、一地域而
> 已。蓋別有超越時間地域之理性存焉。而此超越時間地域
> 之理性，必非其同時間地域之眾人所能共喻。然則先生之
> 志事，多為世人所不解，因而有是非之論者，又何足怪耶！」

陳氏謂「所死之故，不止局於一時間、一地域而已」，誠為
王先生的知己。吾人要解開王先生的生死之謎，不僅自某一具體
事件作為誘因入手，更重要的是需要探討王先生的個性及其內心
世界，才能客觀的體會王先生當年不得不死的動機。

王先生在遺書中的首句，便強調對人世間的無限失落感：「
五十之年，只欠一死」。在他的〈三十自序〉中，亦談到心靈與
形骸兩皆惘然的苦痛：「體素羸弱，性復憂鬱，人生之問題，日
往復於吾前」。可見對於王先生來說，五十年的歲月並無特殊的
意義，其學問上的成就顯然不能滿足其空虛的心靈。糾纏不清的
結仍是「人生之問題」。王先生悲觀的個性、執著的情感，固然
是命中註定的悲劇人物；同時，後天的貧困多病、政治文化的劇
變，加上幼年喪母、中年喪妻、晚年喪子等人生慘痛，一波波接
踵而至。由三十歲至五十歲的二十年間，其父蕚齋公、其妻莫氏、
繼母葉孺人、長女明珠、四女通明、五女端明、摯友沈乙盦、岳
母潘太夫人、長子潛明相繼殤逝。晚年復與摯友羅振玉失和。人
生無常，白雲蒼狗，恰正拓大其先天悲觀的個性。對於人生的意
義，王先生的文章充份呈現無奈、乏力、不可憑靠的指控：

> 「余疲於哲學有日矣。哲學上之說，大都可愛者不可信，
> 而可信者不可愛。⋯⋯知其可信而不可愛。覺其可愛而不

能信，此近二三年中最大之煩悶也。而近日之嗜好，所以
漸由哲學而移於文學，而欲於其中求直接之慰藉者也。」
⑦

由此可見，王先生是對於理性的思辯失卻信心，才轉而希望
在文學中尋找直接的精神慰藉，以填補其內心深處的空無。而所
謂文學的功用，乃在於滿足「能愛」、「可愛」的情感昇華。此
顯然為其心靈中最最缺乏者，亦與其自盡的動機隱隱有直接的關
連。

本文嘗試透過王先生的詩文，了解其心裏的抉擇。這對於王
先生的死因或能有較客觀的認知。

第二節　由〈紅樓夢評論〉
論王國維生死觀

王先生於廿八歲寫成〈紅樓夢評論〉一文。這是《紅樓夢》
研究史上第一篇應用西方哲學、美學的重要論文。全文深受西哲
叔本華的悲觀立場影響，闡述人生之苦痛及其解脫之道。此文無
異提供研究王先生個人內心自白的一手材料。

王先生在文中直言欲的無止追求和不能滿足乃人生苦痛的根
源：

> 「生活之本質何？欲而已矣。欲之為性無厭，而其原生於
> 不足。不足之狀態，苦痛是也。既償一欲，則此欲以終，
> 然欲之被償者一，而不償者什伯。一欲既終，他欲隨之，
> 故究竟之慰藉終不可得也。」⑧

　　此言煩惱無窮的欲，主要是指「牝牡之欲」、「男女之欲」一類的情欲。王先生認爲欲源於自身的內心，其解脫之道亦無法外求：

> 「男女之欲，尤強於飲食之欲。何則？前者無盡的，後者有限的也。前者形而上的，後者形而下的也。……前者之苦痛，尤倍蓰于後者之苦痛。而紅樓夢一書，實示此生活此苦痛之由於自造，又示其解脫之道不可不由自己求之者也。而解脫之道存於出世，而不存于自殺。出世者，拒絕一切生活之欲者也。彼知生活之無所逃於苦痛而求入於無生之域，當其終也，恆幹雖存，固已形如槁木，而心如死灰矣。」⑨

　　王先生分析解脫此人生苦痛之道不在自殺，而在於掌握超然物外的出世觀念。解脫的方法有二：一爲宗教的、一爲美術的。前者移情於眾生，後者反觀關照於一己。二者都可以忘情欲而達到出世脫俗之境：

> 「解脫之中，又自有二種之別：一存於觀他人之苦痛，一在於覺自己之苦痛。……前者的解脫如惜春紫鵑，後者之解脫如寶玉。前者之解脫超自然的也、神明的也；後者之解脫自然的也、人類的也。前者之解脫宗教的也，後者之解脫美術的也。前者和平的也，後者悲感的也、壯美的也。」⑩

　　然而，王先生在現實中卻終究不能擺脫此生活之欲，發揮宗教的、或美術的情操來看破生死，尋得自我解脫之路。何以出世的理性思路不能化解其內心的抑鬱？究竟是何種「生活之欲」居然能反制宗教的、美術的平和，而逼使王先生走上死路？這方面，

吾人需要先由王先生的個性來觀察。王先生在治學上曾提出著名的三個境界說⑪，要求治學過程由無限的執著進而客觀超脫的態度，才能成就大學問家的境界。王先生爲學，充份的實踐此三個境界的步驟，然而，在面對內心的情感時，王先生卻只徘徊在執著的層次而無法灑脫超越。王先生認爲其個性是屬於感性、理性參半者：

> 「余之性質，欲爲哲學家則感情苦多而知力苦寡，欲爲詩人則又苦感情寡而理性多。」⑫

這一類型人物的苦痛，根源於應用感性和理性時的交錯混淆：面對感性的人事，則以理性的態度去分析；處理理性的個案，卻往往又牽引內心無限的情感。矛盾與衝突，形成了此類悲劇個性的追悔人生。王先生曾謂：「人生過處唯存悔。知識增時只益疑。」復有詞云：「人間事事不堪憑，但除卻無憑兩字。」追悔與無憑，正充份的表達這種雙重性格的苦惱。王先生以此個性面對人間世中不能割切、亦不捨割切的情欲，自然難以出世解脫。

> 「苟有生活之欲存乎，則雖出世而無與於解脫。苟無此欲，則自殺亦未始非解脫之一者也。如鴛鴦之死，彼固有不得已之境遇在。」⑬

然則，王先生不得不死，其所面對的「不得已之境遇」又是什麼？人生無常，無常即苦。王先生以承擔人生之苦痛作爲自我懲罰的方式，藉此了償「生活之欲」之債。對本身而言，此未嘗不是一種解脫，也同時是一種懺悔：

> 「宇宙一生活之欲而已。而此生活之欲之罪過，即以生活之苦痛罰之，此即宇宙之永遠的正義也。自犯罪自加罰，自懺悔自解脫。」⑭

　　所謂「自犯罪自加罰」，懲罰之最者，莫如自行了斷。王先生是一位自律甚嚴、實事求是的學者，此罪過如屬他人加諸其身之苦，以王先生的理智，信應能以出世的態度化解，必不致逼上自殺之一途。顯然其「生活之欲之罪過」，當源於自身的「自犯罪」而又非理性事件者。因為「自犯罪」而又無法「自懺悔」以免除苦痛，才走上絕路。

> 「紅樓夢一書，徹頭徹尾之悲劇也。⋯⋯凡此書中之人，有與生活之欲相關係者，無不與苦痛相終始。⋯⋯趙姨、鳳姐之死，非鬼神之罰，彼良心自己之苦痛也。」⑮

　　王先生之死，亦為其「良心自己之苦痛」而自罰使然乎？他所自犯的究為何罪，使其在道德上、理性上自慚不能苟活於人世？前人提出的羅氏的欺壓、文化的衝力、政黨的羞辱等理性分析，皆不足以構成必死之因由。那麼，其生命苦痛的根源、否定自我意義的依據與其良心的自責究屬什麼？信或仍與人間的情欲有關乎！

　　所謂情欲，自不必有特定所指，而可從心裏的不滿足來探尋。王先生一再強調「人生之無常，而知識之不可恃」⑯，哲思真理的追求在早年已淪為虛幻，其後從事詩文的創作，亦未能尋得內心的慰藉。王先生確認人生的苦痛，是源於情欲的執著而不可得、堅持而終告失落。人間世中既無真，亦無善美可言，而最重要的愛，亦不復常存於現實之中。聊以慰藉苦悶的文學，亦失去其昇華的作用。王先生壯年後由文學過渡至古史、古器物的考據，以圖遠離現實，暫忘生活之欲的追求，信亦有不得已之苦衷。可惜的是，學術上的成果只能增添王先生對於理性運用的信念，對於其情感世界顯然並無獲得任何滿足。

　　王先生認爲人生不具任何意義，國家的混亂、親情的飄零、友情的受挫，更使他對於此冰冷的人世不作留戀。王先生雖自覺此一消極的認知，但卻不能自我突破。他內心蘊藏的欲捨離而又抱持希望的矛盾性格，使他不能以出世的姿態面對人生。在理智的超越與情感的投入之間，王先生無法取捨而陷入無盡的苦痛。最後由於外界直接或間接的打擊，促使他放棄此一既厭倦復無意義的生存信念，悲劇性地以死亡解脫多年的人生苦痛。

　　以上，吾人由〈紅樓夢評論〉一文抽取王先生討論人生的看法，揣測其面對死亡的心理抉擇。王先生遺書上首言「五十之年，只欠一死」，正是他矛盾個性的自白，他率直的點出生存的無意義，這和〈紅樓夢評論〉中呈現的悲劇人生觀是完全一致的。這也是他在內心深處自願結束生命的主導思想。遺書復言「經此世變，義無再辱」，所言受辱，指的當是世局動蕩中種種的不如意。「再」字不一定只作「第二次」看，可釋作「多次」，即一次復一次之意。此言在多變的世道中沒有必要多番承受世俗無情的羞辱。「再辱」涵蓋各種外在的、複雜的自殺誘因。王先生由於心靈的自我放棄，加上外在種種情感的失落，遂交織成此厭世的動機。

第三節　由《人間詞》論王國維生死觀

　　《人間詞》是王先生的詞集，晚年易名爲《苕華詞》。詞中多惆悵自傷、淒涼無奈之作。王先生在《人間詞話》十八條說：「尼采謂：一切文學，余愛以血書者。後主之詞，眞所謂以血書者也。……：其儼有釋迦、基督擔荷人類罪惡之意。」王先生的

詞，正同樣俱備此悲天憫人的情懷。

周策縱先生曾歸納《人間詞》一百一十五闋，謂有「人間」一詞者凡三十八見。顯然「人間」爲王先生創作過程中重要的思量對象。周氏並謂：「可見莊子人間世之思想對靜安影響之深刻」。⑰莊子〈人間世〉中所謂「知其不可奈何而安之若命」，正是王先生悲觀心靈的寫照。核對此三十八首「人間」詞的用意，反映王先生對於現世人生的評價絕望至極點。無論由時間、生命或情感來看，人生都只是一遍黑暗、無奈、無憑的苦痛。這種極度的悲劇思想，一經觸發人事的種種不如意，很自然的便把他逼至自沉之路。

一、由時間流逝看人生。

好事近：「人間何苦又悲秋？正是傷春罷。」

蝶戀花：「潮落潮生，幾換人間世。」

此言悲秋傷春，正是對時光無止息流失而興起的莫名傷感。時光匆匆，淘盡幾許現世深情。潮來潮去，不經換掉多少朝代。於此默默點出人壽有限，人生並無永恆可言。時間的巨輪嘲諷著人類的歷史，不管好壞美醜，努力懈惰，都只同歸一坏黃土。灰色的人生觀，躍然紙上。

二、由情感虛幻看人生。

踏莎行：「是處青山，……朝朝含笑復含顰，人間相媚爭如許。」

蝶戀花：「一霎新歡千萬種，人間今夜渾如夢。」

蘇幕遮：「昨夜西窗殘夢裏，一霎幽歡，不似人間世。」

蝶戀花：「小立西風吹素幘，人間幾度生華髮。」

此言青山的顰笑，都是生機，皆屬眞誠可愛。相對的人間情誼，卻處處機心，盡是欺搾，如何能與青山相比？人間的不眞不實，事事只見淒涼意；飄泊無情，苦澀都記心頭。片刻的歡娛，只疑似在昨日夢魂，無從掌握，亦無法珍惜。王先生呈現的人間世，僅是一幅天涯倦客的佇立畫象，西風中徒然平添幾絲白髮。王先生對於人間的厭倦失落，正是自我捨離的主因。

三、由無常不平看人生。

蝶戀花：「最是人間留不住，朱顏辭鏡花辭樹。」

虞美人：「人間孤憤最難平，消得幾回潮落又潮生。」

鵲橋仙：「人間事事不堪憑，但除卻無憑兩字。」

此言生命匆匆，青春一去不返，與花草飄零無別。生命本屬無常，主宰並非自己。徒然的執著，又怎經得起世事的反覆？世間充滿不平事，孤憤耿直，只白白襯托人事的無奈與無能，未嘗改變一分什麼。宇宙之大，生命無所歸依。可憐事事不能靠人，亦無法靠己。人間都無絕對，無憑無靠，才是永恆。淒涼與絕望，重重的籠罩著王先生的人間詞。

四、由懷疑追悔看人生。

鷓鴣天：「人間總是堪疑處，唯有茲疑不可疑。」

蝶戀花：「自是思量渠不與，人間總被思量誤。」

蝶戀花：「幾度燭花開又落，人間須信思量錯。」

此言人生盡是惘然不實，處處可疑。紅塵中，情是苦，相思之情更苦。人世間由欲而生苦，由苦而生疑。由疑而追悔，不能

自已，亦無法自拔。人不能斷絕情欲之思而遺世獨立，故人生之苦痛遂註定永無解脫之日。此當為王先生面對人生之心境。

五、由孤寂失落看人生。

蝶戀花：「自是浮生無可說，人間第一耽離別。」

蝶戀花：「蠟淚窗前堆一寸，人間只有相思分。」

浣溪沙：「今雨相看非舊雨，故鄉罕樂況他鄉。人間何地著疏狂。」

此言生離死別，至親殤逝，自是人生第一傷心處。相愛而不能相聚，無緣結合，更是人生的怨極、苦極！此與黃仲則詩云：「此生無分了相思」，有異曲同工之苦味。形單孤寂，天涯復無安身處，自是可憐。人間無情，更是形存而神亡，了無生意。王先生之死，早自人間詞中已見端倪。

詩詞等文學創作，往往能渲洩內心的情感，使抑壓的心靈得以平撫，重展生機。細審王先生的年譜，發見其自投前數年間已絕少填詞詠詩的記載。由此推測文學昇華的功能在王先生晚年已不能產生慰藉的作用。王先生對於這個人世間，無疑真的要完全放棄了。

第四節　結　語

以上通過王先生的著作，由心理的角度推測他死亡的動機。他的死因，並不是由於單純的一時一事的衝動，而主要是源自他矛盾的個性和對於世情的悲觀絕望。

由王先生從事學術研究的成果來看，他一生克服了無數學理

的困難，其人的意志力和毅力是不待懷疑的。假如他不先行否定
了自我的生命，外界的任何力量都不足以逼使他走上絕路。吾人
固宜爲賢者諱，本文的目的實無意臧否前賢，論列是非，只是站
在一學術工作者的立場，企圖以客觀的態度分析此一課題。論証
的方式純以王先生的自白印証其內心世界，王先生泉下有知，信
不以此文爲虛誕。

後 記

這些年我發表了一些文章，都是有關古文字的考訂，對於感
性世界的距離似乎愈來愈遠，人也有愈來愈冷的感覺。是次論文
發表，一方面王先生是我多年心儀的學者，其死因歷來人云亦云，
莫衷一是，自當有釐清的必要；另一方面我嘗試運用本身擅長的
考據方法，對前人的感性世界作理性的研究，希望從中思考理性
與感性的差距問題。因爲方法是冷的、死的，情感是熱的、活的，
例外的、突發的人事往往會影響常態的推理。客觀的論據固然可
能逼近眞理，但並不能絕對衡等於眞理。此爲研究人文科學領域
的幽暗處，亦爲本課題探討人性情感的困難處。苟非起死者於泉
下，當世實實無人足爲王先生的代言。本文只望以不誣前人爲是。

全文窮兩天之力撰畢。疏略補苴，容待他日。行文至此，舉
目窗外白雲悠悠，有與王先生抱頭一慟的衝動。情之爲物，夫復
何言！夫復何言！

【註釋】：

① 參見羅振玉〈海寧王忠愨公傳〉、祖保泉〈關於王國維三題〉。在

《王國維全集‧書信卷》405頁錄一九二四年致沈兼士、馬衡信中，對北大考古學會無禮於清室「本朝」一事，王先生確曾自言「心緒甚爲惡劣」。同年溥儀被逐出宮，唯王先生不在此時以死殉。於兩年後君主仍安然無恙，後人卻以其死爲殉節，此實無確據。

② 參見葉嘉瑩《王國維及其文學批評》第二章。桂冠圖書公司。一九九二年四月。

③ 說見史達〈王靜安先生致死的眞因〉、郭沫若《歷史人物》、溥儀《我的前生》等。王先生長子潛明之妻爲羅振玉次女。潛明於一九二六年八月二十日卒於上海。由《王國維全集‧書信卷》引同年十月二十四、二十五、三十一日王先生與羅振玉諸函中，得知潛明死後一月，其妻即返居天津羅家，且與王家「中間乃生誤會」，復聲明不用王家一錢。此後即不見羅、王通信的記錄。此固可証羅、王因兒女事而有隙。唯由王先生十月諸函中，一再請求羅振玉代其女存放亡兒遺款事，意氣誠懇，想二人關係尙稱平和，且在三十一日信中謂「亡兒與令嫒結婚已逾八年，其間恩義未嘗不篤，即令不滿於舅姑，當無不滿於其所天之理，何以於其遺款如此之拒絕」，可想見當日羅女之不滿，極可能只是婆媳間事，與王先生本人無涉。二十四日信中謂「此次北上旅費，數月後再當奉還。令嫒零用，亦請暫墊」，更顯見羅、王在金錢上、在情誼上並無交惡。羅氏更無庸在此事半年後才逼死王國維。故王先生遭羅氏逼死一說，似未可盡信。

④ 詳見蕭艾《王國維評傳》第十四章。駱駝出版社。一九八七年七月。

⑤ 參考顧頡剛〈悼王靜安先生〉、王世昭《中國文人新論》、容庚《甲骨學概說》。

⑥ 詳見趙萬里《王靜安先生年譜》51—53頁。臺灣商務印書館。一九

七八年四月版。

⑦　引自王國維〈三十自序〉一文。

⑧　文見〈紅樓夢評論〉第一章。參《王國維先生三種》。育民出版社。
　　一九七三年六月版。

⑨　引自〈紅樓夢評論〉第二章。

⑩　引同註⑨。

⑪　參拙稿〈談王國維的三種境界〉。見《甲骨學論叢》349—352頁。
　　學生書局。一九九二年二月。

⑫　參見《靜安文集‧續編》自序二。

⑬　參同註⑨。

⑭　引見〈紅樓夢評論〉第三章。

⑮　參見註⑭。

⑯　參見註⑭。

⑰　參周策縱〈論王國維人間〉。英民出版社。一九八〇年十一月版。

第二章　論王國維的治學

第一節　近代學術流派簡說

　　中國近代自從西學東來，民智日開，革命思潮和民主自由的風氣吹徹了整個大陸，也吹醒了長期封閉固守的中國心靈。中國知識份子面對國內的政治無能腐敗、軍閥割據，國外的喪權辱國、西洋文化武力的壓逼，開始思考如何面對這千古未有的動盪，從而提出治國圖強的方案，以祈爲中華民族的緜延與肯定，重新找出新的希望。這種自強的民族意識普遍流傳於民初的讀書人心中，而其中以研究中國學問爲畢生志向的學者，更紛紛提出不同的學術理念，擬爲中國文化和民族精神重覓一安身立命之所。百家爭鳴的風氣，開展了中國新一代學問。此種由變亂而求治平的憂患背景，爲吾人談論近世學術淵源所不可不知者。民國初年的學術流派，較顯著的有如下幾派：

一、國故派

　　以章太炎、黃季剛爲代表。此派承襲了清代乾嘉樸學的遺風，強調藉訓詁以明經，肯定千古孔孟聖賢的學問。彼等以《說文》《爾雅》爲工具，土法治學，精研古書，爲傳統國學精華一脈。惜在考據上固執甲骨、鐘鼎等出土文物爲訛器，未能靈活開創新的治學路子。

二、疑古派

又稱古史辯派。以顧頡剛、錢玄同爲代表。此派上承漢代王充、清代崔述的懷疑精神，創立「層累地造成的中國古史」觀，並推翻春秋以前歷史的眞實性。惜此派疑古太過，持一通盤否定的主觀態度治學，未見其利，先蒙其害。

三、半新不舊派

以梁啓超、胡適爲代表。此派以「科學整理國故」爲口號，挾持西方治學方法，亦兼具國學的基礎，故懂得用比較的角度印證問題，了解層面較廣，如由虛字看《詩經》、由地理看南北文化差異，均給予時人莫大的衝擊和啓示。惜彼等治學仍缺乏系統和深層的探討，所謂「但開風氣不爲師」，非不欲爲師，似是不能亦不足以爲師。

四、唯物學派

以郭沫若、魯迅爲代表。此派學者以政治理念爲主導研治國學，欲由古書中尋找中國社會發展的線，爲奴隸社會而封建社會而無產階級的唯物史觀。此派爲考史而研經，著作均有所爲而發。彼等企圖心極強，處處皆有見地。惜以主觀指導材料，預設立場，不足爲治學的典範。

五、新儒家學派

以梁漱溟，熊十力爲代表。此派學者力求爲中國的思想謀出路，彼等以孔孟和宋明儒學爲根本，梁主中西調和、熊主回歸中

國，均欲為中國新文化重擬藍圖。惜此派重義理而輕考據，對原材料的理解往往有所出入。

六、中研院派

以傅斯年、董作賓、李濟、趙元任為代表。此派以中央研究院歷史語言所為中心，提倡歷史語言學、考古學，重視實物和方言的調查，真正落實以科學的態度研究專門學問。惜彼等專精有餘，不夠全面，對通盤了解古書仍嫌不足，無法從事科際整合。

七、通人派

以王國維、陳寅恪為代表。此派主張「學問無新舊、無中西、無有用無用」。治學求真求通達，分析力強，以小見大，既博且精，每下一義，泰山不移。彼等復強調地下材料與古文獻二重證史，為其他學派一致尊崇。此派通中外、兼古今、究天人，且以經世致用為依歸，故學問樸實不流空言。王、陳二先生才大，惜後繼乏人。

第二節　論王國維的治學歷程

王國維先生讀書，自十六歲閱覽前四史始。①廿二歲赴上海，由考科舉轉而注意西學，習日文、英文於羅振玉主辦的東方學社。廿六歲治哲學、文學，旁及教育，均自負有過人之處②，對於有關叔本華、尼采、康德等西方哲學的介紹、有關紅樓夢的評論，以及《人間詞話》、《人間詞》、《宋元戲曲史》等專門撰述，誠為開山的貢獻。③及至三十五歲東渡日本，據羅振玉說即自燒

文集，從此絕口不談西洋文化及哲學。④三十七歲《宋元戲曲史》撰畢後，亦不復談論戲曲等通俗文學，此後遂潛心以「通古今之志」，研治經史小學。

王先生在三十六歲發表〈簡牘檢署考〉，為首篇貫通經史、綜述簡策形制的文章。三十七歲撰〈明堂廟寢考〉，據卜辭和史記、考工記等古籍，裁定明堂宗廟之制，並通考殷周以迄秦朝的宮室制度。〈齊魯封泥集存〉，開示用實物驗證史事地理之先河，分析漢代官印和私印。三十八歲撰〈流沙墜簡〉，為考證西北地理和漢代烽燧制度的重要文獻。〈宋代金文著錄表〉、〈清朝金文著錄表〉，為金文目錄的專著，啟示研治金文的階梯。三十九歲成〈鬼方昆夷玁狁考〉，以出土銅器和古音對轉證鬼方一族的歷史。〈生霸死霸考〉，首創四分月說，利用金文印證古書月相的意義。〈洛誥箋〉，提出「以事實決事實，不以後世之理論決事實」的治學方法，以明周初的裸禮。四十歲撰〈史籀篇疏證〉，推斷史籀非人名、史篇非周宣王時作品，復由文字的結體分析首倡「戰國時秦用籀文、六國用古文」之說。〈毛公鼎考釋〉，提供考證金石文字的具體方法。〈爾雅草木蟲魚鳥獸釋例〉，申論雙聲對於破古書的重要性。四十一歲寫成〈殷卜辭中所見先公先王考〉、〈續考〉，應用甲骨糾正商史，為當代重建殷商信史的開山之作。〈殷周制度論〉，討論東西文化的興廢，並寓經世的深意，乃近世研讀經史的一大文章。〈兩周金石文韻讀〉，首用金石文字攻治古韻之學，補諸家古韻書之未詳。四十二歲作〈唐寫本唐韻校記〉，考訂唐韻殘本和切韻、廣韻的部目關係。〈書爾雅郭注後〉、〈書郭注方言後〉，點出以今語訓釋古語的方法。四十三歲著〈西胡考〉、〈續考〉，推論胡人種類源流及西域諸

國的掌故史實。〈九姓回鶻可汗碑跋〉，研究回鶻西徙史實。〈摩尼教流行中國考〉，由諸文集、方志、佛典考證唐宋間摩尼教事誼。四十五歲有〈與友人論詩書中成語〉，討論解讀詩書中成語的互較方法。四十六歲述〈匈奴相邦印跋〉，由相邦一制度討論匈奴的文化。四十七歲自訂論文集《觀堂集林》，所收錄皆屬劃時代的作品，呈現其經世致用的理想。

　　五十歲王先生自投頤和園昆明湖。

第三節　論王國維的治學方法

　　歷來對於王國維先生治學的評價，無論是中外、新舊學派，以至於不同政治立場的學者都是毫無異議的備致推崇。誠如胡適在1922年北大日記中所說，王先生治學有條理系統，是當今中國學術界最有希望的一人。[⑤]楊樹達在《積微居甲文說》序言曾大力推崇他「功力絕深，每下一義，泰山不移」。[⑥]梁啟超亦在其書信中稱譽王先生「治學方法極新極密」。[⑦]王先生以一通人之資，成就各種專門的事業，是新史學、甲骨學的開山，也是近代研究詞學、戲曲學的第一人，對於中國學術界有極深遠的貢獻。

　　王先生的個性複雜而矛盾，屬於外冷內熱、情感和理性觸覺均極豐富敏銳的人。[⑧]這也促成了他雄視文學、經史兩大範疇的先天條件。梁啟超在《王靜安先生紀念專號》序文中指出：「他的頭腦很冷靜，脾氣很和平，情感很濃厚」[⑨]，可謂知言。王先生畢生與書為伴，平日嗜好只是讀書和寫書。[⑩]他以極細的心思治學，事事求其通，以歷史的眼光評鑑材料的縱線演變。他擅長以互較文例的方法判別是非，配合其在小學上的過人本領，以音

的通假、以義的訓釋，稽合經史，切入問題的核心，從而系連材料與材料間的關係。他復能以虛心、誠意的態度，中肯地進行分析，並兼具懷疑和闕如的科學精神。是以王先生的文章，往往能看人所不能看，處處皆有創獲。

近人蔣汝藻在《觀堂集林》序文中推崇王先生對於清儒的治學方法無所不通。以下，吾人嘗試就王先生的著述及其同時友朋的紀錄中，整理其治學的態度和方法，以作爲後學入門的指引。王先生平日讀書、治學的方法可歸納幾點：

一、循環互換

王先生曾論及凡治大學問者必須通過三個境界，由立志而執著而客觀超脫。⑪他研究學問，亦常應用這種跳進、跳出的思考方式，讓思維一直保持高水平的靈敏度，而不至於鑽牛角尖。當他在情緒上感覺沉悶的時候，就暫時擱開工作，去作別的事情，讓思考有足夠的時間沉澱，在潛意識中重新組合，並藉別的材料激發聯想。等到過了一些時候，再拿起來思考，往往會有意想不到的靈光，得到新的見解和發現。⑫

二、尋源辨流

王先生治學，強調由歷史的背景會其通，所以事事務必先探溯其原始，明瞭問題的根本所在。繼而分析其縱線的發展，考辨其時代的異同。此屬於一種點、線、面的綜合研究方法，對於問題可以掌握一客觀、周詳的了解。例如他在〈肅霜滌場說〉一文，首先考訂《詩經》〈豳風〉的滌場即滌蕩、滌盪，本有清肅廣大的意思，然後籍語族音轉的流變，引證不同文獻中的泆蕩、條暢、

條鬯、俶儻、倜儻、佚宕、跌踼、跌宕等用語，皆屬滌場的轉語。此外，如〈爾雅草木蟲魚鳥獸名釋例〉、〈與友人論詩書中成語書〉等文章，均充份應用此種尋源的方法。

三、由小見大

王先生考證古文字及彝器、竹簡等地下材料，並不純爲考據而考據。他往往藉著某字或某器的考釋，表明一普遍的現象或制度，從而達到以古爲今用的經世目的。[13]俗謂：「一粒沙子見世界」，王先生的文章正具備這種充沛的內涵。如：他就漢晉木簡的考釋推論漢代以降的烽燧制度[14]，藉毛公鼎的釋文歸納金石文字考證的方法[15]、單由一史字的分析兼述殷周史官制度[16]、透過商三句兵的出土，檢視殷商文化和國力[17]、藉介紹由漢以迄清的尺，評論歷代的政治得失[18]……等，都是透過某一個案反映出整體文化特色的例子。他的文章多屬有所爲而發，自然不是一般所謂考據家可比。

四、成組研究

王先生治學態度專注，用力集中，且極富原創性。舉凡從事任何課題研究以前，必先大量閱讀各種相關的資料，然後密集的撰寫相類的文章，所以他能在最短的時間，有效的攻取到最多的收穫。如1913年他寫成〈明堂廟寢通考〉後，馬上接連發表〈洛誥解〉、〈釋史〉、〈周書顧命考〉、〈書作冊詩尹氏說〉、〈周書顧命後考〉等文章，內容都是周代典禮制度一類；1916年他剛撰畢〈史籀篇疏證〉，隨即又發表了〈戰國時秦用籀文六國用古文說〉、〈史記所謂古文說〉、〈漢書所謂古文說〉、〈

說文所謂古文說〉、〈說文今序篆文合以古籀說〉、〈科斗文字說〉等連串文章，都是有關於文字源流的考述。如此成組且具系統的著述，不但解決了若干個別的具體問題，而且往往由一結論導引出另一新的問題，彼此相互參證，串連成一既全面復周密的研究層面，對於任何一門學問的貢獻，自然都是事半功倍、收效顯著的。

五、目驗實證

王先生認為治學的態度應該是客觀的印證，而且強調以古證古，或以古證今，但不宜單獨以今來推古。他在〈再與林博士論洛誥書〉中，直言「吾儕當以事實決事實，不當以後世之理論決事實」⑲，指出第一手材料的重要性。如〈說盃〉一文，王先生根據盃與諸酒器並陳，而不雜他器，遂推知其必為酒器一類，從而修正《說文》以降理解此字為食器的失誤。〈秦陽陵虎符跋〉一文，王先生籍著銅虎符的實物詳辨秦符和漢符的不同。〈說觥〉一文，王先生引用兒觥的形制證明觥和匜的差異。此類文字，皆應用實物逐一驗證史料，確為「泰山不移」之論。

六、校勘辨偽

據王先生的學生趙萬里〈王靜安先生手批手校書目〉一文的統計，王先生校書多達192種，自宣統初年一直到他自殺二十年間幾無間斷⑳，此可見王先生對於版本的重視。他研治任何一門學問，必先詳盡的掌握第一手材料，覽閱諸家的珍本、孤本㉑，以作為研究的準備。第二步即進行材料的版本校勘、辨偽輯佚的檢視工作，讓能夠應用的資料均完備可靠。如他治《水經注》一

書,首先遍校宋刊殘本、永樂大典本、明抄本、朱箋本、孫潛夫本等,論其異同,從而證明戴震有抄襲的嫌疑。㉒他治《竹書紀年》,取今本《紀年》的內容和句式,一一疏其所出,而判定其為偽書。㉓他治音韻學,乃遍校各種版本的《切韻》、《唐韻》、《廣韻》諸韻書,排比反切和部次的分合。㉔他校書眾多而且詳密,當世可謂無出其右。而校勘辨偽,更是他研究學問的基石,無論面對的是戲曲、金文、甲文、以至元史、地理,校勘的工作都是其治學的不二法門。㉕

七、兼通中外

據趙萬里《王靜安先生年譜》,王先生自十八歲始知有新學,廿二歲到上海漸注意西學的重要。他在東方學社勤習日文、英文,希望克服語言的障礙,直接接觸西洋文化的精神。三十歲在奏定大學章程的時候,他針對張之洞的章程大膽提出「以外國之學說發明光大孔孟之道」的兼治精神。㉖三十五歲復在羅振玉創辦的《國學叢刊》撰發刊詞,強調學問只宜求客觀的對錯是非,而「無新舊也、無中西也、無有用無用也」。㉗他大膽的把學問的世俗框框逐一打破,而就學術談學術,可謂知言。此足見其思想的通達客觀。他在發刊詞中提出學問包括科學、史學、文學三大類:

> 今專以知言,則學有三大類:曰科學也、史學也、文學也。
> ………凡事物必盡其真,而道理必求其是,此科學之所有事
> 也;而欲求知識之真與道理之是者,不可不知事物道理之
> 所以存在之由,與其變遷之故,此史學之所有事也;若夫
> 知識道理之不能表以議論,而但可表以情感者,與夫不能
> 求諸實地,而但可求諸想像者,此則文學之所有事也。㉖

王先生謂科學與史學是相輔相成，而學問本身無所謂古今中外之別，只有廣狹疏密的偏重。是以中外學術須互相推助，才能進步，今日之治國學者，故必應以通西學爲務。㉘民初以來學者多言「科學整理國故」，惜每淪爲口號，一直到王先生的文章出，始得見此一客觀精神的全面落實。

八、以史治經

王先生研治經學，非單只求解讀一經，而實有圖博通群經之志。他在《靜安文集》中說：「夫不通諸經，不能解一經，此古人至精之言也」。㉙他以治史的態度來研究群經，故能擺脫所謂聖人的包袱，不墨守經說。他的文章具備批判求眞的科學精神，純由社會、文化層面來考量經意，爲後學建立新史學一良好的典範。王先生的學生吳其昌曾撰〈王觀堂先生學述〉一文，謂先生的著述全部都可以涵蓋在史學的範圍：

> 「先生著作之關於經學者、關於小學者、關於金石甲骨文字者、關於宋元通俗文學者、關於西北地理者全部之主旨目的，皆在於史。」㉚

王先生的親弟王國華亦強調先生畢生在史學上的貢獻：

> 「六經皆史之論，雖發於前人，而與之地下材料相互印證，立今後新史學之骨幹者，謂之始於先兄可也。」㉛

可見王先生常以歷史的眼光處理文獻。這和王先生內心深處欲求經世致用的抱負是有不可分割的關係。㉜

九、排比互較

王先生擅長應用對比的方法，藉著材料的差異或互補，顯示

其時空的意義和特色。他在《古史新證》〈總論〉中提出結合紙上材料和地下材料的二重證據法㉝，並在為商承祚《殷虛文字類編》所寫的序文中，強調此實物與經史互較的重要性：

> 「古文字、古器物之學，與經史之學實相表裡，惟能達觀二者之際，不屈舊以就新，亦不紐新以從舊，然後能得古人之眞，而其言乃可信于後世。」

王先生擅用互較以求文字背後的眞諦，此詳見〈殷卜辭中所見先公先王考〉、〈鬼方昆夷玁狁考〉、〈高宗肜日說〉等文章。陳寅恪在《王靜安先生遺書》序中曾歸納王先生的學術有三：

> 「一曰：取地下之實物與紙上之遺文互相釋證。凡屬於考古學及上古史之作，如殷卜辭中所見先公先王考及鬼方昆吾玁狁考等是也。二曰：取異族之故書，與吾國之舊籍互相補正。凡屬於遼金元史事及邊疆地理之作，如萌古考及元朝秘史之主因，亦兒堅考等是也。三曰：取外來之觀念與固有之材料互相參證。凡屬於文藝批評之作，如紅樓夢評論及宋元戲曲考等是也。」㉞

然而，無論是取地下實物與文獻的釋證，用異族故書與文獻的互補，抑或是就外來理論與本國材料的參證，都是應用此一排比互較的方法，輾轉相生，由發現問題，從而解決問題。

十、形音義綜合研究

王先生襲取清代乾嘉學派的精華，擅長用小學破解古書㉟，他考訂古器物上的文字，皆強調形音義的綜合分析，配合時代背景的了解，準確的考釋文字。他在〈毛公鼎考釋〉序文中清楚的明列考釋的綜合方法：

> 「考之史事與制度文物，以知其時代之情狀；本之詩書，
> 以求其文之義例；考之古音，以通其義之假借；參之彝器，
> 以驗其文字之變化。由此而之彼，即甲以推乙，則於字之
> 不可釋，義之不可通者，必間有獲焉。然後闕其不可知者，
> 以俟後之君子，則庶乎其近之矣！」㊱

王先生在此提出，由具體的史事和文化，了解一時代的背景；根
據古文獻，歸納實質的辭例；由古音的轉讀，明白字與字間的關
係；復參考地下出土材料，由實物分析字形。以上諸種方法交錯
應用，對文字的考釋自然有所發現。其中有關古音的通假，更是
王先生文章中繫連無數材料的不二法門。王先生的學生戴家祥曾
點出先生的治學豐碩，主要所持的即此「同聲通假」。㊲唯先生
每下一義，非僅單憑通假，而必務求在形義的配合疏通，地下材
料的互證，故其釋字多有保障。此當為近人濫用通假一例者戒。

十一、表列法

　　王先生撰文的方式，有先行用圖表方式整理第一手材料的習
慣。或編年順序、或排比異同，使零散的資料組織成系統的相互
關連的網，然後據此申論其種種特色。如：先成〈唐時韻書部次
先後表〉，始撰〈唐諸家切韻考〉；先成〈韃靼年表〉，始撰〈
韃靼考〉；先成〈天子諸侯士大夫用樂表〉，始撰〈釋樂次〉；
先成〈殷世數異同表〉，始撰〈殷卜辭中所見先公先王考〉；先
成〈南宋人所傳蒙古史料考〉，始撰〈萌古考〉等是。

十二、闕疑

　　王先生治學，經常抱持懷疑的態度及批判的精神，但如無實

證，則絕不輕言疑古。他在《古史新證》〈總論〉中說：

> 「雖古書之未得證明者，不能加以否定；而其已得證明者，
> 不能不加以肯定。」

他不贊成無條件的接受古書，但亦不主張盲目的否定古書。他認為唯有科學的態度，才能建立一求真的治學精神。[38]他在面對單文孤證時，每多採取保留的態度，而不強作解人。在其文章中，言「疑」、「疑惑」、「未詳」、「未解」、「不解」、「不能解」、「不可解」、「全句不解」、「不易知」、「真義不知」、「不敢妄為之說」等闕疑待考的例子，隨處可見。[39]誠如他在《觀堂書札》所說：「闕疑為進步第一關鍵」[40]，此種戒慎小心的治學態度，正足以反映王先生個性的嚴謹和誠懇。

　　總括以上所論，王國維先生的確網羅貫通了清儒治學的各種方法，並配合客觀求真的科學態度，使其學問的廣度和深度都能超越前修，成就一代的事業。

【註釋】：

① 王國維〈三十自序〉：「家有書五六篋，除十三經注疏為兒時所不喜外，其餘晚自塾歸每泛覽焉。十六歲，見友人讀漢書而悅之，乃以幼時所儲蓄之歲朝錢萬，購前四史於杭州，是為平生讀書之始，」文見《靜安文集續編》。

② 〈三十自序〉：「余之哲學上及文學上之撰述，其見識、文采亦誠有過人者，此則汪氏中所謂「斯有天致，非由人力，雖情符曩哲，未足多矜」者，固不暇為世告焉。⋯⋯余之於詞，雖所作尚不及百闋，然自南宋以後除一二人外尚未有能及余者，則平日之所自信也。雖比之五代北宋之大詞人，余媿有所不如，然此等詞人，亦未始無

不及余之處。」

③　王國維《宋元戲曲史》自序：「壬子歲暮，旅居多暇，乃以三月之力，寫爲此書，凡諸材料，皆余所蒐集，其所說明，亦大抵余之所創獲也。世之爲此學者自余始，其所貢於學者，亦以此書爲多。」

④　羅振玉《觀堂集林》序文：「辛亥之變，君復與余海居日本，自是始棄前學，專治經史。」王國維於1914年7月致繆荃孫函中，亦親言「比年以來擬專治三代之學，因先治古文字，遂覽宋人及國朝諸家之說」。

⑤　參見胡適《北大日記選》民國11年8月28日。《遠景叢刊》之242。

⑥　楊樹達《積微居甲文說》自序論說研治甲文的途徑，謂：「就形以識其字，循音以通其讀，然後稽合經傳以明史實，庶幾乎近之矣。……余以此說求之五十年來甲骨諸家，得二人焉：一曰王君靜安、一曰郭君沫若。王君功力絕深，每下一義，泰山不移。讀其書，怡然理順，渙然冰釋，使人之意也消，恆言所謂爐火純青者，王君近之矣。」

⑦　梁啓超〈致長女令嫻書〉：「此公治學方法極新極密，今僅年五十一歲，若再延壽十年，爲中國學術界發明，當不可限量。」書見《梁任公先生年譜長編初稿》。

⑧　殷南〈我所知道的王靜安先生〉引申王先生的個性：「他平生的交遊很少，而且沉默寡言，見了不甚相熟的朋友是不願意多說話的，所以有許多人都以爲他是個孤僻冷酷的人。但是其實不然，他對於熟人很愛談天，不但是談學問，尤其愛談國內外的時事。他對於質疑問難的人是知無不言，言無不盡。」見《國學月報》〈王靜安先生紀念號〉。1927年10月。

⑨　參見《國學論叢》一卷三期。

⑩ 趙萬里〈王靜安先生手批手校書目〉:「先生逝世前夕,嘗語人曰:余畢生惟與書冊為伴,故最愛而最難舍去者,亦惟此耳!」文見《國學論叢》一卷三期。

⑪ 參考拙文〈談王國維的三種境界〉。詳見《甲骨學論叢》。1992年2月版。

⑫ 參見殷南〈我所知道的王靜安先生〉一文。

⑬ 王先生在《觀堂書札》第55函曾與羅振玉討論其〈殷周制度論〉一文,謂:「此文於考釋之中,寓經世之意,可幾亭林先生。」

⑭ 參見〈流沙墜簡〉序,詳《觀堂集林》卷17。

⑮ 參〈毛公鼎考釋〉序,見《觀堂集林》卷6。

⑯ 參〈釋史〉,見《觀堂集林》卷6。

⑰ 參〈商三句兵跋〉,見《觀堂集林》卷18。

⑱ 參〈記現存歷代尺度〉,見《觀堂集林》卷19。

⑲ 參見《觀堂集林》卷1。

⑳ 見《國學論叢》第一卷第三號。

㉑ 姚名達〈觀堂集林批校表〉陳述王先生能掌握機緣,盡讀諸家藏書:「成學固不易,靜安先生所以有如此成就,固由其才識過人,亦由其憑藉彌厚。辛亥以前無論矣,辛亥以後至丙辰,則上虞羅氏之書籍碑版金石甲骨任其觀摩也。丙辰以後至壬戌,則英倫哈同吳興蔣氏劉氏之書籍聽其研究也。癸亥甲子,則清宮之古本彝器由其檢閱也。乙丑以後至丁卯,則清華學術之圖書聽其選擇也。計其目見而心習者,實至可驚!人咸以精到許先生,幾不知其淵博為有數。」參見《國學月報》〈王靜安先生紀念號〉。

㉒ 參〈聚珍本戴校水經注跋〉,見《觀堂集林》卷12。復參鄭德坤〈水經注板本考〉,《燕京學報》15期。

㉓ 參〈今本竹書紀年疏證〉自序，見《觀堂集林》卷4。

㉔ 參〈書巴黎國民圖書館所藏唐寫本切韻後〉、〈書內府所藏王仁煦切韻後〉、〈書式古堂書畫彙考所錄唐韻後〉、〈唐廣韻宋雍熙廣韻〉等篇，見《觀堂集林》卷8。

㉕ 容庚〈王國維先生考古學上之貢獻〉：「讀先生書者，皆服其精識，然其方法之縝密實有以成之。其治宋元戲曲也，則先爲曲錄；其治金文也，則先爲金文著錄表；其治甲骨也，則先釋殷虛書契前後編；其治元史也，則先爲元朝秘史地名索引。故其對於百餘種書籍之批授，大抵爲觀堂集林中之文所從出。」參見《燕京學報》第二期。

㉖ 參〈奏定經學科大學文學科大學章程書後〉一文，王先生說：「夫尊孔孟之道，莫若發明光大之；而發明光大之道，又莫若兼究外國之學說。」

㉗ 參見《觀堂集林》卷4。

㉘ 王國維《國學叢刊》發刊詞：「世界學問，不出科學、史學、文學，故中國之學，西國類皆有之；西國之學，我國亦類皆有之。所異者，廣狹疏密耳！……中國今日實無學之患，而非中學西學偏重之患。……余謂中西二學，盛則俱盛，衰則俱衰，風氣既開，互相推助。且居今日之世，講今日之學，未有西學不興而中學能興者，亦未有中學不興而西學能興者。……治毛詩爾雅者，不能不通天文博物諸學，而治博物學者，苟質詩騷草木之名狀，而不知焉，則于此學固未爲善。必如西人之推算日蝕，證梁虞劇、唐一行之說，以明竹書紀年之非僞，由大唐西域記以發明釋迦之支墓，斯爲得矣！……學問之事，本無中西，彼鰓鰓焉慮二者之不能並立者，眞不知世間有學問事者矣。」王國維在致許同藺一札中，復謂：「若禁中國譯西書，則生命已絕，將萬世爲奴矣」。於此可見通西學的重要。

㉙　文見〈奏定經學科大學文學科大學章程書後〉。

㉚　參見《國學論叢》一卷三期。

㉛　參見王國華《海寧王靜安先生遺書》序。

㉜　王先生在〈沈乙庵先生七十壽序〉中以經世爲體、經史爲用之意論
　　述清代學術的變遷:「我朝三百年間學術三變:國初一變也,乾嘉
　　一變也,道咸以降一變也。順康之世,天造草昧,學者多勝國遺老,
　　離喪亂之後,志在經世,故多爲致用之學,求之經史,得其本原,
　　一掃明代苟且破碎之習,而實學以興。……道咸以降,學者尚承乾
　　嘉之風,然其時政治風俗已漸變於昔,國勢亦稍稍不振,士大夫有
　　憂之而不知所出,乃或託於先秦西漢之學,以圖變革一切。……今
　　者時勢又劇變矣,學術之必變蓋不待言。」反觀其寫〈殷周制度論〉,申
　　述周公的盛德,直言此文「寓經世之意,可幾亭林先生。」又在〈
　　記現存歷代尺度〉一文,藉古今尺度的變化,考歷代政治得失。自
　　四十三歲專攻西北史地,詳論突厥、于闐、回鶻、匈奴、西遼、蒙
　　古、金、月氏、韃靼諸外族與中國的關係,顯見王先生此類文字,
　　皆含有致用的深意。

㉝　1925年王先生在清華國學研究院發表《古史新證》,謂;「吾輩生
　　於今日,幸於紙上之材料外,更得地下之新材料。由此種材料,我
　　輩固得據以補正紙上之材料,亦得證明古書之某部分全爲實錄,即
　　百家不雅馴之言亦不無表示一面之事實。此二重證據法,惟在今日
　　始得爲之。」我曾撰〈論王國維的二重證據法〉一文,謂:所謂二
　　重,包括紙上的古文獻材料和地下的考古材料。王先生在《古史新
　　證》中歸納紙上材料有十種古書:㈠尚書、㈡詩、㈢易、㈣五帝德
　　及帝繫姓、㈤春秋、㈥左氏傳及國語、㈦世本、㈧竹書紀年、㈨戰
　　國策及周秦諸子、㈩史記。此當指舉凡可靠的、實錄的古代文獻而

言。所謂地下材料，王先生在《古史新證》中只提出甲文、金文兩種。事實上，吾人驗諸王先生的文章，其徵引的地下材料除了甲骨、金文外，還包括敦煌及西域的木簡和竹簡、殘卷、大內檔案、外族遺文、刻石、瓦當、璽印、兵符、帛書等古器物。有關二重證據法的「證據法」，不僅是單純的排比材料。拙文曾歸納王先生的驗證方法有七種：(一)以小學證古史。(二)以古音證古史。(三)以古器物證古史。(四)蟬連互證法。(五)以地下材料證地下材料。(六)以紙上材料證紙上材料。(七)闕疑。詳細討論可互見該文，參拙著《甲骨學論叢》353—366頁。學生書局出版。

㉞ 見《王國維先生全集》初編第一冊卷首。

㉟ 蔣汝藻《觀堂集林》序：「蓋君於乾嘉諸儒之學術方法無不通，於古書無不貫串。其術甚精，其識甚銳，故能以舊史料釋新史料，復以新史料釋舊史料。」

㊱ 參見《觀堂集林》卷6。

㊲ 參戴家祥〈王靜安先生與甲骨文字學的發展〉，文見《王國維學術研究論集》第一輯。1983年9月版。

㊳ 王先生在《國學叢刊》序文中說：「今之君子，非一切蔑古，即一切尙古。蔑古者，出於科學上之見地，而不知有史學；尙古者，出於史學上之見地，而不知有科學。」參見《觀堂集林》卷4。

㊴ 王先生在《金文編》的序中說：「孔子曰：多聞闕疑。又曰：君子於其所不知，蓋闕如也。………余案闕疑之說，出於孔子，蓋爲一切學問言。………余嘗欲撰尙書注，書闕其不可解者，而但取其可解者著之，以自附於孔氏闕疑之義。」參見《觀堂集林》卷4。

㊵ 參見《觀堂書札》第64與羅振玉函。

第三章　《觀堂集林》選評

　　王國維先生早年有關學術的重要論著，多散見於《雪堂叢刊》、《廣倉學窘》等叢書。到了一九二一年才由他本人增刪諸稿，編定《觀堂集林》二十卷。此為其一身學術的定稿。王先生理性分析能力極強，他充份運用清儒治學的方法考訂文字和古籍，透過其極靈敏的思維，愼密小心的驗證，鋪排出一篇又一篇客觀中肯的文字。本文選取《觀堂集林》中若干代表篇章，嘗試把原文打散，然後再重新加以分段組合。藉此系統的重排其論證材料，讓吾人較深入的了解王先生當年撰述文章的步驟，從而掌握此一代通儒的治學方法。

　　以下，僅就其研治卜辭、釋字、文字源流、音韻、禮制、經學、邊疆外族、考古、板本考證等類文章，就實例加以分析，評述其發明和研究方法。偶以按語附己意。此外，王先生對上古制度、流沙墜簡、漢魏石經、遼金元史地、韻書分部、印璽封泥，以迄歷代尺量虎符均有其獨特見地；詳參《觀堂集林》中。本文撰述的目的，僅偏重於論列其治學方法。有關王先生諸文章的詳細評介，仍有待後之好學深思者。

第一節　有關論述卜辭的文章

　　文例：〈殷卜辭中所見先公先王考〉

本文有系統地運用甲骨文字重建殷商信史，是開創中國新史學的第一篇大文章。我在〈甲骨學九十年的回顧與前瞻〉一文中已曾說：「1917年王國維先後寫畢〈殷卜辭中所見先公先王考〉、〈續考〉兩篇文章，已足以奠定其在甲骨四堂的位置。因為這兩篇文章的出現，使我們了解到《史記》的真實無訛。這對於當日由崔述、康有為以至顧頡剛的疑古學派和中國文化西來說，無疑是一強而有力的反駁，從而肯定我國古文獻的可信度。」本文與〈續考〉代表王先生在卜辭方面所開拓的成果，他充份應用二重證史法，把地下材料的價值呈現無遺，並作系統的、理性的分析，為後人寫下一條一條殷商史實，足為當世治古史和甲骨的範文。

一、發明

1. 證實卜辭的季為王亥、王恆的父親，相當於《楚辭》〈天問〉的季、《史記》〈殷本記〉的冥。

2. 證實卜辭的王亥為殷先公，即《史記》的振、古本《竹書紀年》的殷王子亥。

3. 證實卜辭的王恆為王亥之弟，並通讀〈天問〉：「該秉季德，厥父是臧」、「恆秉季德」的一段文字。

4. 證實卜辭的田為上甲，即《國語》的上甲微。

5. 證實殷先公自上甲以降的次序，應是報乙、報丙、報丁，從而糾正《史記》、《漢書》所載「報丁、報乙、報丙」的失誤。

6. 證實卜辭的示壬、示癸，即〈殷本紀〉的主壬、主癸。

7. 證實殷中宗是祖乙而不是太戊，明古本《竹書》是而古、今文《尚書》及《史記》所載皆非。

8. 證實大戊爲大庚子，而不是大庚之弟，糾正〈三代世表〉之失誤。

9. 證實祖乙是仲丁子，而不是河亶甲子，糾正〈殷本紀〉之誤。

10. 證實小辛是盤庚弟，而不是其兒子，明〈殷本紀〉所載是而正《漢書》〈古今人表〉之失。

11. 證實〈殷本紀〉的帝王世系（三十一帝十七世），大致爲實錄，並糾正〈三代世表〉、〈古今人表〉所記殷君世數之非。

12. 疑卜辭的高祖𡕛爲殷先公帝嚳。

13. 疑卜辭的土爲殷先公相土。

14. 開甲骨斷代研究的先河。

15. 開甲骨綴合補闕的先河。

二、撰述方法。

本文有系統的逐一申論卜辭中所見先公先王的名號。申論的過程嚴謹，思維性高，相對的極富開創性。其申述的方法大致如次：

1. 先引錄實物材料，就第一手材料歸納其現象。

2. 排比金文、《說文》等已知文字，用以分析甲骨文的字形結構。

3. 由卜辭文例引證某字的用法、或某人的歷史背景。

4. 以聲類的通假扣連卜辭與文獻材料的關係。

5. 由音轉或訛變，觀察某字的縱淺演變。

6. 互較文獻材料間的關係，從而推廣面和線的了解。

7. 串連文字的關係、文獻的關係,以及文字和文獻的關係,反覆互證,導引出結論。

8. 由考釋某字或某人的結論,申述其背後的文化和風俗。

9. 據較早材料糾正後出材料的錯失。

10. 提出相反或有問題的材料,並加以解釋例外的因素。

11. 結語。歸納上述的研究成果。

三、內容。

本文前附題綱,正文分別由形音義的綜合研究,以至地下材料與文獻的互較,逐一討論殷卜辭中所見的夋、相土、季、王亥、王恆、上甲、報丁、報丙、報乙、主壬、主癸、大乙(唐)、羊甲諸先公先王,並申論卜辭中應用祖某、父某、兄某的習慣。末附羅振玉的二函補充說明。

(一)夋

1. 先引述卜辭中夋字的用法:

(1)為祭祀的對象。如:「貞:賁于夋:六牛?」

(2)為求豐年的對象。如:「貞:求年于夋:九牛?」

(3)為求佑的對象。如:「☒又于夋?」

王先生欲藉以上辭例證明:(1)其人當為殷人的祖先;(2)其人當為時人景仰、崇拜者;(3)其人當有降臨福佑、影響自然的能力。

2. 其次分析字形。文中引用《說文》及〈毛公鼎〉、〈克鼎〉、〈番生敦〉、〈盠和鐘〉等銘文,推論象人首手足的夔字,即相當卜辭的夋。按:段玉裁《說文解字》注夔字下:「詩小雅作猱。毛曰:猱,猿屬。樂記作獶。」這是王先生

利用金文的柔字作一橋樑，上承甲骨文的，下開《說文》釋母猴的夒字的依據。

3.由卜辭的文例互較，證明其人的背景。卜辭出現「高祖」一辭，而卜辭配稱爲高祖的只有王亥、大乙等少數顯赫的先王，分別作「高祖王亥」、「高祖亥」、「高祖乙」。王先生認爲此必是殷先世中有功業者，此與文獻的「嚳爲契父，商人所自出之帝」，身份正是相當。按：近年小屯南地甲骨出土，復有「高祖上甲」一辭，顯然加強了王先生此項意見的可信度。

4.就聲類的相同、相近證夒、柔、告諸字同音通假，與文獻的「帝嚳」同屬古韻幽部（og）字；並以異文、訛字串連文獻同文異字的材料，使地下材料和文獻能作廣泛的縱線連貫。王先生應用《逸周書》序、《史記》、〈殷本紀〉、〈五帝本紀〉、〈三代世表〉、〈封禪書〉、《管子》、《僞孔傳》、《太平御覽》、《山海經》、《帝王世紀》、《史記索隱》、《史記正義》等有關帝嚳的材料，串連其字形的流變如下：

夒 （音近）→ 嚳、誥、俈、告
　 （形訛）→ 夋、逡、俊
　　　　　　　（形訛）→ 岌

5.王先生並不忽略相反的材料，他接著提出《山海經》中有借俊爲嚳，但卻又借爲舜者。然後他引用皇甫謐注《史記》〈五帝本紀〉的「帝嚳名夋」及郭璞注〈大荒西經〉的「

俊宜爲嚳」等證據，互較此異同的得失，末斷以「夋爲帝嚳之名爲當」。

6.結論。重申卜辭的夒稱高祖，其地位崇高，「非帝嚳不足以當之」。按：唯王先生於文前的提綱中亦逕言夋爲帝嚳、土爲相土，二事「未能遽定」，亦足見其思慮之愼密。

㈡相土

本節分五段如下：

1.首列卜辭**土**字的第一手材料，歸納其用法：

(1)爲祭祀的對象。如：「貞：夒于**土**：三小牢、卯一牛？」

(2)爲求豐年的對象。如：「貞：求年于**土**：九牛？」

(3)爲求佑的對象。如：「貞：于**土**求？」

其詞用法與祭祀帝嚳相同，可見　亦爲殷先公名。

2.討論字形。由金文〈盂鼎〉印證甲骨的土字字形，並由甲骨用刀契的書寫方式推論土字寫法中空的原因，復排比甲金文的天字由**?**而**?**、丁字由**口**而**·**，以證土字由**土**而**土**的文字演變規律。

3.用甲骨證史。王先生引《史記》〈殷本紀〉的昭明子相土，相對在《詩商頌》、《春秋左氏傳》、《世本帝繫篇》皆單作土，與卜辭全同，而且文獻中引錄殷先公世系稱土的只有「相土」一人，遂謂：「疑土即相土」。按於此下一疑字，可見王先生用字思辨之愼。近世日本學者有以自然神一詞稱土。由於卜辭中土有與岳、河諸神並見於同版，故此說漸爲一般學人所接受。

4.討論文獻的異文。《周禮》引用《世本》〈作篇〉有「相士」，王先生據《荀子》〈解蔽篇〉的「乘杜」、《呂覽》

〈勿躬篇〉的「乘持」，證其聲應是「土是士非」，「相士」爲「相土」之誤。王先生復引楊倞注《荀子》：「以其作乘馬，故謂之乘杜」，遂推斷「乘本非名。相土，或單名土，又假用杜也」的同名演變。

5. 末段補充過去曾釋土爲社的不正確。王先生治學求眞的態度，於此可見。他復認爲殷先公「無一不見於卜辭」，由全體以驗證局部，遂推斷卜辭中祭祀的土應即相土。

㈢**季**

本節分二段如下：

1. 先引錄卜辭中季字的材料，知其用爲殷人祭祀的先公。如：「貞：虫于季？」

2. 討論卜辭的季即相當文獻的冥。王先生由《楚辭》〈天問〉的「該秉季德，厥父是臧」、「恆秉季德」繫連季與該、恆爲父子關係；復由〈殷本紀〉與卜辭參證，該即王亥，亦即〈殷本紀〉的振；恆即王恆。從此推論卜辭的，即〈天問〉的季，亦相當於〈殷本紀〉振的父親冥。按：〈天問篇〉此段材料自古無人確解，至此始由王先生通釋。於此亦足見王先生目光的敏銳過人。唯卜辭的季是否即相當於文獻的冥，仍有待進一步的論證。

㈣**王亥**

本節分九段如下：

1. 首列有王亥的卜辭例句，了解此人名在第一手材料中的用法。

⑴爲祭祀的對象。如：「貞：來辛亥賁于王亥四十牛？十二月。」

(2)為求豐年的對象。如：「貞：于王亥求年？」

(3)為求佑的對象。如：「乙巳卜，囗貞：屮于王亥：十？」
「貞：屮于王亥囗三百牛？」

並由其用牲數之多之隆，論其人必為商的先公無疑。

2. 文字的串連。互較古書中的異文，明亥字的演變。由卜辭
的高祖亥、王亥，假借為《世本》的胲、《楚辭》〈天問〉
的該、〈帝系篇〉的核、《漢書》〈古今人表〉作垓、而
《史記》〈殷本紀〉則形近訛為振。按：此一驚人發現，
實為「泰山不移」的千古定論。

3. 文獻的串連。《山海經》〈大荒東經〉有王亥，與卜辭相
同。王亥在同類文獻中的其他異文，有古本《竹書紀年》
的殷王子亥，今本《竹書紀年》則作殷侯子亥，均前於上
甲微一世，可證為冥之子、微之父。王先生復排比《史記》
〈殷本紀〉的世系：「冥卒，子振立；振卒，子微立」和
《竹書紀年》的「殷王子亥賓于有易而淫焉，有易之君綿
臣殺而放之，是故殷主甲微假師于河伯以伐有易，克之」
兩條材料，證《史記》的振即此王亥。按：王先生擅用文
字、文獻相互重疊串連的方法證史，他首先把形近、形訛、
通叚或偏旁通用的文字歸納成一組，接著把相關的文獻也
排列成一組，最後把文字和文獻兩組的研究成果接連起來，
推出結論。此種反覆互證的方法，可稱為蟬連互證法。今
由卜辭王亥的寫法，作 ，又作 ，從鳥，此與《山
海經》〈大荒東經〉謂王亥「兩手操鳥，方食其頭」其意
暗合。又卜辭中祭祀的世系次序亦見王亥為上甲父，與文
獻的振自是一人無疑，此足證王先生推論的精確。如：

〈集24975〉　☐王☐其袞☐上甲父☐ 🐾 ☐？

〈集1182〉　☐袞于河、王亥、上甲十牛、卯十宰？五月。

〈屯1116〉　辛巳卜貞：王 🐾 、上甲即宗于河？

〈集30447〉　其告于高祖王 🐾 三牛？

4. 由卜辭文例，見祭王亥均以亥日。推論亥為此先公人名的正字寫法，核、垓為通假字，振為形近而訛。

5. 以《山海經》、《竹書紀年》和卜辭相印證王亥之名，強調二書均有依據和價值，於此可見古代傳說往往流傳於周秦之間，古文獻未足以輕疑、妄疑。

6. 王先生復搜羅其他文獻以證王亥其人。他排比《呂覽》〈勿躬篇〉的「王冰作服牛」、《世本》〈作篇〉的「胲作服牛」，推論王冰即胲，亦即卜辭的王亥。冰字作 🐾 ，為亥字的形訛；胲為亥字的假借。此足見王先生目力之過人。

7. 貫連《山海經》、《楚辭》、《呂覽》、《世本》等文獻材料，拓大申論王亥的史實，謂：「王亥為始作服牛之人」。

8. 王先生進一步把王亥作服牛一事置諸古代制度史中，評論其在縱線歷史上的意義。他由古代的作車而作乘馬而作服牛，點出王亥非只是殷人先祖，而且更是「制作之聖人」，有功於殷商百姓，故卜辭中屢受殷人的盛祭。按：由小以見大，此可謂活讀古書一例。

9. 末段據卜辭祭日的文辭，推論「王亥為殷人以辰為名之始，猶上甲微之為以日為名之始」，確認殷先王名號與時令有關的習俗用法。

㈣ **王恆**

本節分七段如下：

1. 首引錄卜辭中王恆的用法，了解其為祭祀的對象。如：「貞：㞢于王𣎴？」

2. 分析字形，論𣎴即恆字初文。王先生據《說文》的古文恆字从月，復引《詩》以釋从月之意，遂論古文恆字當書作𠄞；此與卜辭正相合。而《說文》古文从外的亟，乃傳寫的訛字。

3. 歸納偏旁从月後或訛變从舟的字例，明文字流變的規律。如卜辭的朝从月作𦩗，至篆文从舟作𦩗。由此推論恆字古文當作𠄞，後演變為篆文从舟的𠄠。

4. 王先生復由字形的已知推未知。金文〈𠣬鼎〉的𢛢字，从心从亙，王先生認為此即恆字初文，可知亙字作𠄞，與篆文的𠄠屬於同一字。

5. 由《詩》〈小雅〉的「如月之恆」，毛傳言「恆，弦也」，是知从弓的𢎏字亦為恆字，與𣎴字相同。

6. 引《楚辭》〈天問〉申述王亥、王恆和上甲三世的歷史。按：〈天問〉之辭，千古不能通讀其意，今由王先生據卜辭和《山海經》、《竹書紀年》諸書互核得解，誠治史學與文學一大快事。

7. 末段由卜辭與〈天問〉互較，王亥與王恆既同以王稱，時代相接，前後所陳又皆屬商家故事，故知「王亥與上甲微之間，當有王恆一世。以《世本》《史記》所未載，《山海》《竹書》所不詳，而今於卜辭得之」。

㈥ **上甲**

本節分七段如下：

1. 首段帶出問題。先引錄文獻中有上甲微的材料，唯卜辭中

卻不見「上甲」二字。

2. 王先生由卜辭 𝌆 𝌆 𝌆 三人名的字形看，乙丙丁皆在匚中，而田的次序均見於三匚之前 ，與〈殷本紀〉上甲的祭祀次序相同，乃悟卜辭的田爲上甲，當即〈魯語〉的上甲微、《竹書》的主甲微。

3. 分析甲字的字形。卜辭先公名的甲在口中作田，或加一作田，與田狩的田字作田有別。王先生復提出「上加一者，古六書中指事之法」。按：田之增一，並無實質上或抽象的用意，亦無加強該字形某部結體的意思。一只具區別意，欲與田（田）、周（囲）等相近的字形加以區分。王先生以之論六書的指事法恐有可商榷處，又，文末羅振玉函中已點出卜辭的上甲實有合書作田者，此田當可視爲田的省文。故田不宜以指事之法看待。

4. 觀察卜辭文例：「自上甲」「自上甲元示」「自上甲十又三示」等，認爲凡祭告皆自上甲始，可見上甲實居先公先王之首。王先生並歸納此現象：「商之先人王亥始以辰名，上甲以降皆以日名。是商人數先公當自上甲始。」

5. 由卜辭祭日的文例證田爲上甲。卜辭的通例，祭祖之名與所祭之日相同，如祭名甲者用甲日、祭名乙者用乙日。今卜辭凡專祭田者皆用甲日，可確認此田必爲上甲。

6. 總結。歸納上文，得出三點結論：(1)田之名甲，可以祭日用甲證之；(2)田字爲十（古甲字）在口中，可以匚匚匚三名在匚中證之；(3)田即上甲，可以其居卜辭中先王之首證之。

7. 文末復引卜辭補證古書的不足。卜辭祭祀上甲的有合祭、

有專祭，唯皆屬常祭，此證《國語》〈魯語〉稱「商人報
上甲」、《逸周書》稱「惟高宗報上甲微」，言報祭屬非
常祭均爲失誤。

㈦報丁、報丙、報乙

本節分四段如下：

1. 首段以問號入文，先引錄文獻，自《世本》、《史記》〈
殷本紀〉、〈三代世表〉、《漢書》〈古今人表〉的殷先
王有報丁、報丙、報乙，而卜辭相對的有ѕ囮匚。羅振玉
已疑此二者相當，唯無實證。

2. 王先生據羅振玉所編的《後編》卷上8頁一版殘缺卜辭，
發現殷王的世系次序：「丁酉酻絲☒冈三、冏三、示☒大
丁十、大☒」，乃提出囮匚的排列既在示壬、大丁之前，
當即文獻的報丙、報丁。可見卜辭的匚囮匚應是報乙、報
丙、報丁。

3. 據卜辭報乙、報丙、報丁的順序，證《史記》諸書的失誤，
並開千古未有之論。按：王先生在〈殷卜辭中所見先公先
王續考〉一文，進一步綴合〈戩1.10〉和〈後上8.14〉二
塊骨板，斷定殷先王的世系次序爲上甲、報乙、報丙、報
丁、示壬、示癸。此開甲骨綴合研究的先例。其後董作賓
復發見《善齋所藏甲骨拓本》277版可與王先生此綴合片
相接，更增加了殷先王稱謂人次的實物證據。

4. 末段論古書的「報」爲後世的追號，非殷王的本稱。文末
並擬測囗、匚之義爲壇墠或郊宗石室。

㈧主壬、主癸

本節分三段如下：

1. 首先就卜辭中祭祀的次序，推論殷先公報甲、報乙、報丙、報丁後緊接的示壬、示癸，即相當於〈殷本紀〉中的主壬、主癸。

2. 由卜辭習稱一世爲一示，證文獻的主壬、主癸本作示壬、示癸。按：唯本段中王先生認爲卜辭的示丁即報丁，恐有待商榷。

3. 末段由卜辭的「十三示」，申述商代的祭祀對象有兄弟相及和《史記》失記其名的，並推斷殷人對未立和已立的國君同祭。按：此可謂卓識。唯王先生就上甲至主癸六世來對照卜辭的十三示，遂謂「其間當有兄弟相及」的說法是不對的。「十三示」所指的是上甲以降的十三位大宗嗣君而言，非單指上甲至主癸之間的殷王。

㈨大乙

本節分四段如下：

1. 首引《世本》、《荀子》、《史記》諸文獻，串連湯、大乙、天乙諸名，爲同人異稱。

2. 由卜辭文例互證，如大戊又作天戊；又由卜辭和文獻互證，如卜辭的大邑商，即〈周書〉的天邑商，推論卜辭的大乙等於文獻的天乙。大、天二字形近而訛。

3. 據卜辭以證卜辭。由商初時王的習稱，如大丁、大甲、大庚、大戊，皆冠以大字，證有成湯自可稱大乙。

4. 末段列舉卜辭文例，謂大乙與伊同列並出。伊，即文獻中成湯的宰相伊尹，是證大乙即天乙。按：唯伊是否必爲伊尹，仍待細考。

㈩唐

本節分六段如下：

1. 首引錄卜辭，明唐與大丁、大甲連文而居首，遂先設定唐即殷先公成湯。按：文中言「疑即湯也」，一疑字復見王先生治學之愼。

2. 據《說文》，明唐字古文作𤉩，字形與湯極相似。

3. 據金文，在《博古圖》中的〈齊侯鎛鐘〉銘文載有成唐受天命、有九州、處禹之都，此成唐應相當於文獻的成湯。

4. 據文獻互證，明成湯的湯又作唐。

5. 末下結語：「卜辭的唐必湯之本字」。文中用一必字見王先生之自信。其後接言唐字流變；由唐而音轉作喝，通作湯。

6. 補述卜辭用例的習慣，專祭成湯時均稱之爲大乙，一般的告祭則稱唐。按：文末則以「未知其故」作結。信則傳信，疑則傳疑，可見王先生治學的忠誠態度。

㈩羊甲

本節分二段如下：

1. 據文字的通假言。首引羅振玉說，由文獻的羊、陽通用，證卜辭的羊甲即相當文獻的殷先公陽甲。

2. 據卜辭的祭祀次序言。在卜辭中羊甲位於南庚之次，比照〈殷本紀〉殷王的順序，證羊甲即陽甲。按：王先生當日所見的出土甲骨仍是有限，但能在南庚、羊甲見於同版而提出相連的看法，已見其識力過人。唯此條材料實有可商榷的地方。據郭沫若〈通118〉的考訂，羊甲的祭祀次序實應在南庚之前，當爲南庚之父沃甲；而卜辭中的𩫖甲居於南庚之次、小辛之前，才是相當於文獻的陽甲。

(土)祖某、父某、兄某

本節分四段如下：

1. 首段揭示問題，並嘗試提出初步答案。商帝不見於卜辭的
   共六人，而卜辭中亦有人名不見於文獻的，但彼等的祭祀
   儀式與殷先王全同。王先生遂推論，此皆源自諸帝之兄弟
   未立而殂者或諸帝之異名。

2. 引卜辭證殷商的繼統法，以弟及爲主，而以子繼輔之。其
   傳子者，亦多傳弟之子。商代尙無嫡庶貴賤之制，故兄弟
   中未立而死者，其祀之與已立者相同。本段引用《後編》
   卜辭：「癸酉卜貞：王賓父丁歲三牛眔兄己一牛、兄庚口
   口，亡口？」「癸亥卜貞：兄庚口眔兄己☒？」「貞：兄
   庚口眔兄己其牛？」，謂：「考商時諸帝中，凡丁之子無
   己、庚二人相繼在位者。惟武丁之子有孝己、有祖庚、有
   祖甲，則此條乃祖甲時所卜。父丁即武丁，兄己兄庚即孝
   己及祖庚也。孝己未立，故不見於《世本》及《史記》，
   而其祀典乃與祖庚同。」按：此開後世研究甲骨斷代之先
   河。

3. 引《逸周書》〈克殷解〉一文，證此遍祭已立、未立先
   人的習慣，乃周公制禮以前的殷禮，周初時仍見沿用。

4. 末段謂卜辭稱帝某、祖某、父某、兄某，皆殷先王的通稱。
   文中復引卜辭「父甲一牡・父庚一牡。父辛一牡」《後編》
   卷上25頁），謂「此當爲武丁時所卜。父甲、父庚、父辛
   即陽甲、盤庚、小辛，武丁之諸父也。」此結論與〈殷本
   紀〉所載的世系相同，並可反證《漢書》〈人表〉以小辛
   爲盤庚子一說之非。王先生又據〈後編上7.7〉一片兄庚、

兄己並祭的稱謂，定爲「祖甲時所卜」，兄庚兄己相當於
〈殷本紀〉的祖庚、祖己，此爲王先生活用材料以治史之
一證。

第二節　有關考釋文字的文章

文例：〈釋由〉（上下）、〈釋昱〉、〈釋旬〉、〈釋西〉、
〈釋物〉、〈釋牡〉、〈釋史〉。

我在〈甲骨學九十年的回顧與前瞻〉一文中，曾謂：「過去
羅振玉考釋文字多達數百，但都是以容易辨識的常用字爲主。王
國維精通文字、音韻、訓詁之學，而且能充份利用比較文例、文
獻的方法，配合其過人的洞察能力，他所考釋的雖只有十餘字，
但均爲通讀卜辭的關鍵字，篇篇皆有獨特的見解，能發前人之所
未發。」以下僅就其〈釋由〉等七篇考釋文字加以分析說明。

一、發明。

1.考證文字的本源，明由、昱、旬、西諸字的本形本義及引
申用法。
2.因析字以明史，了解上古文化的背景和制度。
3.因析字以明文字的縱線發展和文字理論。

二、撰述方法。

1.首先提出問題，並嘗試提出可能解決的假設方案。根據此
假設的基礎作爲研究方向，再博採豐富的史料加以分析歸
納，卒取得合理的結論。

2.儘可能徵引齊備第一手材料，歸納其現象和特性，並詳註其出處，以提供下一步分析研究的依據。

3.形音義的綜合研究，特別是音轉通假的運用。

4.地下材料和古文獻的雙重實證。

5.古書或古文字間的異文互較。

6.文字偏旁的互較，歸納文字演變的規律。

7.甲骨文與金文、《說文》或其他出土材料的連綿互較。

8.強調以古證古。比較同一時期的同類材料，由字形和文例的異中求同，以視其統合；同中求異，以明其分際。

9.運用古文字考釋的成果檢視《說文》得失。

10.歸納文字演變的歷史，並分析文字的通則。

11.透過古文字的考釋，以小看大，了解其時代的文化和制度。

12.博覽材料，才進行綜合、歸納、系統的分析工作，不以孤證論斷。

13.闕疑。

三、內容。

〈釋由〉（上）

分八段如下：

1.就《說文》從由偏旁的字二十有餘，而獨無收錄由字者，帶出問題。

2.提出思考此一問題的可能方向。據敦煌漢殘簡〈急就篇〉第二章「由廣國」的由字寫作甶，推測《說文》中的甶字或即由字。

3.交代甶字發展的歷史和訛變的因由。據《玉篇》引《說文》

舊音及大徐本《說文》音切，知自六朝以來甾與甶已因形
近而混爲一字。

4.列舉證據驗證。就《說文》與金文的偏旁互較，證明甶、
由實爲一字。粤字的篆文作粤、金文在〈番生敦〉作𩵋、
〈毛公鼎〉作𩵋，皆从甶，而今楷定作由。

5.證據二。就金文、《說文》的偏旁互較，證由字字形是先
由而甶。《說文》盧字篆字文从甶，而甶又从甶；晚周金
文則从由作𥂁、𥂁。

6.追溯由字的根源，拓大對此字的研究範圍。據春秋以前金
文盧字从卣，如〈盧子商盤〉的盧字作𧆢、〈弘尊〉的盧
字作𧆢、〈𩵋鼎〉的𩵋字作𩵋、〈鄘侯敦〉的鄘字从卣，
所从的甶，皆即古文卣字的ᑔ。由此引證文字偏旁的流變，
由卣而由而甶。

7.證據三。就字用證。王先生據古書的用法互較，明由、卣
的義訓相同。如《釋詁》：「由，自也」，而遹亦訓自。
《廣雅》：「由，用也」，而古書的遒、迪二字亦皆訓用。
《說文》：「甶，與卣同音」。二字同音同義，是甶由一
字之證。

8.證據四。就字音證，末段由聲音的系連，證甶由音同。王
先生據《說文》：「東楚名缶曰甶」明甶、缶二字古音同
部，復參《方言》畚字下的郭璞注「音由」以明畚、由音
同。由此論證甶、由同屬一字。按：段玉裁注《說文》甶
字：「缶既象形矣，甶復象形，實一物而語言不同，且實
一字而書法稍異。《玉篇》作由，近之。」

〈釋由〉（下）

分六段補充論證《說文》甹字即由字如下：

1. 首段由地下材料與文獻互較，證明甹、由皆用為姓。據羅振玉所藏漢錢印「甹罷軍印」，相較漢簡《急就篇》姓名有「由廣國」，文獻中的《廣韻》由字注：「又姓」、《史記》有人稱「由余」。

2. 由習用例推論罕見用例，證甹、由皆用為人名。據端方藏漢元始四年銅鈁「守令史甹」，相對古人多名由，是證史甹當即史由。

3. 由古書版本證甹、由同字。《玉篇》原本甶部末有甹字，顧野王注云：「餘周反」，是知甹、由二字無別。

4. 由古書異文記甹、由同字。《詩·齊風》：「衡從其畝」，《釋文》引韓詩「從」作「由」、宋本附釋音毛詩注疏所載《釋文》則作甹字。

5. 由前人的論證明甹、由同字。王先生引李陽冰說「由即缶字」、夢瑛書《說文部目》亦已釋甹為由，明六朝人早有此說。

6. 末段引近世洛陽新出魏三字石經《尚書》〈君奭〉殘石，其中的迪字而見篆文，皆作𧗬，從甹。可證甹、由同字。

〈釋昱〉

分八段如下：

1. 由卜辭屢見用 𦥑、𩰋、𠙵、𠈌 諸字體，唯皆不明其意，帶出問題。按：王先生謂「於卜辭中不下數百見，初不知為何字」，可見其釋此字時已遍讀卜辭相關材料。而此字並非是僻字孤證，相反的是一常見的關鍵字。因釋此字而通讀全文，於此可見王先生考字的意義。

2.據金文字形與甲文互證。〈小盂鼎〉有⿰字，字形與甲文相同。

3.據金文與《尚書》文例互證，前有發語詞「粵若」，後附干支，文例全同。是知金文的⿰當即文獻的翌字。由此推論卜辭的 ⿰、⿰、⿰ 諸字亦爲翌字。

4.據《說文》分析字形，翌相當於《說文》訓釋「明日」的昱字。

5.分析卜辭昱字的用義：「什九指斥明日，亦有指第三日、第四日者」。按：據干支更有用作遠至十餘日以後者。昱字的用義顯然比《說文》所訓釋的稍廣。

6.推論⿰的本義，爲⿰的初字，象毛髮⿰⿰之形。文中引石鼓文的邋字作⿰，从⿰，其形與⿰近似爲佐證。古音⿰立同聲，一在葉部，一在緝部，故借⿰爲昱。按：⿰是否即⿰字初文，恐仍待商。近世學者有以⿰象羽形，與毛髮無涉。

7.排比⿰字字形的流變。由⿰加日爲形聲字作⿰，或加立爲一形二聲作⿰，或省日存二聲作⿰。

8.末段補述昱字在卜辭中作爲祭名的用法。

〈釋旬〉

分四段如下：

1.首段列舉卜辭⿰⿰諸字，不下數百見，但均不可解，藉此點出此一考釋的必要。

2.引金文的⿰、《說文》古文的⿰，互證其偏旁的⿰與卜辭的字形相同，此當即旬字。

3.歸納卜辭文例，由「⿰之二日」「⿰亡⿰」等用法證⿰爲

旬字；並推論旬字的引申用法，為自甲日至癸日而一遍的意思。文末復引《釋詁》「旬，遍也」為證。

4. 末段糾《說文》，明《說文》的勹字為旬字的初文，故不應讀為包。王先生並認為「从包省从車」的軍字亦宜更正為「从車从勹」，乃會意兼形聲字。按：段玉裁注《說文》軍字條已言「包省當作勹」。

〈釋西〉

分五段如下：

1. 先引錄卜辭㞢㞢諸字，並斷為西字。

2. 據《說文》西字「象鳥在巢上」，印證與卜辭的㞢㞢形相合。

3. 舉金文鳥巢之形的字參證，如〈箕單卣〉的 、〈箕單父丙爵〉的㞢，與卜辭的㞢形相合。

4. 總結㞢字的本義象鳥巢，即巢字古文。巢从㞢在木上，而巛則象眾鳥形，此可見《說文》巢字字形稍誤。

5. 末段兼論㞢、㡌（由字）二形雖近而有別。

〈釋物〉

分四段如下：

1. 先引錄卜辭文例，如「召十牛」「召物」「召十勿牛」等，並進行文例的互較，推論「物為牛名」。

2. 引《說文》物字釋義，並評其迂曲不實。

3. 互較《詩小雅》「三十維物」的傳注，明物本為雜色牛之名。

4. 就物字的用義，由雜色牛名而雜帛而雜物，明文字引申的通例。

〈釋牡〉

分四段如下：

1. 引錄《說文》牡「从牛土聲」，唯牡古音在尤部，與土聲遠隔。首先提出問題所在。

2. 據卜辭字形證《說文》之誤。牡字甲文从⊥。⊥，即古士字，明牡字應从士而不从土。按：王先生於此解釋士：「孔子曰：推十合一爲士。⊥字正丨一之合矣」，似有可商。士字形爲一獨體，似非「丨一之合」。

3. 據古音分部證《說文》之誤。古音士在之部（əg）、牡在尤部（og），二部音最相近，可見牡从士聲，乃形聲兼會意。

4. 末段由字用證《說文》之誤。士，男子之稱謂，而牡指公牛，與母牛的牝連言。可見士、牡用意有關，《說文》从土不合。按：王先生於此復釋匕：「匕者，比也，比於牡也」，意恐有可商。匕，或示母體，爲母姓的本字。

〈釋史〉

分十一段如下：

1. 首引《說文》，明篆文史字作𠂶：「記事者也。从又持中。中，正也。」

2. 由古文字字形考中字流變。古文中正字作中、𣶃、𢧐諸形，伯仲字作中。及至篆文的中字始作中。

3. 中爲何物，後世眾說紛紜。王先生認爲江永《周禮疑義舉要》卷5謂「中爲簿書，猶後世之案卷」較爲得之。

4. 王先生據《周禮》〈大史職〉、〈大射儀〉推論中爲盛算盛策之器，並引〈鄉射記〉謂「周時中制皆作獸形，有首

有足，鑿背容八筭」，文中復評《說文》以正釋中義的不
確。

5.運用二重證據法，互較出土的簡策實物與古文獻，如《周
禮》〈鄉射記〉、《公羊傳》、《史記》、《漢書》等所
載筭的長度，明簡、筭同制，本爲一物。

6.互較古書與碑文等異文。如〈既夕禮〉原文與注、《史記》
集解與《說文》、漢碑與《後漢書》等，明筭（算）、筴
（策）二字互用，是知古筭與簡策同物。

7.由史、尹二字形互較，明「史字从又持中，義爲持書之人」。

8.引古文獻明史的專職，以藏書、讀書、作書爲事，故中雖
爲盛筭的容器，而史的意義則取諸持筴。

9.明殷商以降官名多自史出。卜辭作卿史、金文作卿事、古
史書作卿士。卜辭作御史、古書作御事。均屬同名。

10.總結史的本義，爲持書之人，引申爲大官及庶官之稱，又
引申而爲職事之稱，其後三者各需專字，於是小篆始有別：
持書者謂之史、治人者謂之吏、職事謂之事。

11.據字以考史。排比古文獻和金文中史字的用法，詳述商周
史官的制度和名稱。

第三節 有關文字源流的文章

文例：〈史籀篇疏證序〉、〈戰國時秦用籀文六國用古文說〉。

《觀堂集林》中，如〈史籀篇疏證序〉、〈倉頡篇疏簡跋〉、
〈戰國時秦用籀文六國用古文說〉、〈說文所謂古文說〉、〈說
文今叙篆文合以古籀說〉、〈兩漢古文學家多小學家說〉、〈科

斗文字說〉等一系列文章，均集中以歷史的角度討論古文字的演變和文字間的關係，創獲甚豐。這些文章正充份呈現王先生面對舊材料發掘新問題的本領。以下僅就二篇爲例，分析如下。

一、發明

1. 提出戰國時期文字分東西古籀的說法。
2. 否定史籀其人及成書時代。
3. 判斷《史籀篇》的字數和文體，糾正前人的失誤。
4. 明古文的定義有六：(1)泛指古書，非當代寫本者，(2)古文經學派，(3)泛指古代文字，(4)殷周古文，(5)戰國時六國古文，(6)壁中書古文。
5. 由篆文的可能字數推論《說文》的正文應有出自古文、籀文者。
6. 明科斗文由漢以迄魏晉的流變過程。

二、撰述方法

1. 王先生的思考方式擅長在不疑慮生疑。他能在一般普通材料中找出問題核心所在，然後大瞻的假設可能方向，接著運用充份的證據去小心求證，解決問題。
2. 行文用先疑後斷、先破後立的逐層遞進切入的方式。
3. 應用二重證據法，由實物比較《說文》中各種文字字形的異同關係。
4. 充份掌握史料，分析時空與歷史背景的差異，探討不同文字發展的因由。

三、內容

〈史籀篇疏證序〉

分六段如下，提出二疑三斷：

1. 首先闡明《史籀篇》於秦漢間的流變過程。

2. 疑史籀並非人名。論據有：⑴由文字通假證。據《說文》、《方言》、《毛詩》傳證明籀、抽有讀意。按：《史記》自序亦言：「紬史記石室金匱之書」。⑵由史官的性質證。《周禮》、《儀禮》等古籍均記載古時讀書皆史官的職事。⑶由史官「籀書」一文例證。《左傳》的卜繇，《說文》引作卜籀，證明古文繇本作籀。《逸周書》〈世俘解〉的「史佚繇書」、〈嘗麥解〉的「作筴繇書」，均見古代史官籀書爲普通的現象。⑷由古書名篇的習慣證。據《詩》、《書》、周秦諸子、流沙墜簡殘卷、《急就篇》等古文獻，見古書有以首句二字名篇的通例。王先生因而推論此書首句應爲「太史籀書」，後人因取其中「史籀」二字名其篇，非實有太史名籀其人。按：以上四點論證，似仍未能確切推斷該書篇首必爲「太史籀書」一句，而作者必非史籀。唐蘭《中國文字學》155頁認爲《漢書》〈古今人表〉的史留即史籀，〈藝文志〉裡的周宣王應爲周元王的音誤，此正是《史籀篇》的正確年代，遂對王先生的說法提出質疑。然迄今仍未有確證推翻此說。

3. 疑《史籀篇》非成於周宣王的時代。王先生謂史篇文字，「象形象事之意少而規旋矩折之意多，推其體勢，實上承石鼓文，下啓秦刻石，與篆文極近。」王先生分析戰國時

秦文字，如〈秦大良造鞅銅量〉、〈大良造鞅戟〉、〈新郪虎符〉、〈詛楚文〉等出土材料，與《說文》的篆文、籀文字形相同者甚多，遂判定《史籀篇》文字本屬秦國文字，即周秦間西土的文字，與東土六國的古文殊異。而「史籀一書，殆出宗周文勝之後，春秋戰國之間，秦人作之以教學童」。按：此說發千古所未發，誠爲卓識。趙萬里〈靜安先生遺著選跋〉譽此篇「雖不盈四十紙，乃三百年來文字學之一大進步」。唯近世裘錫圭先生《文字學概要》66頁中復提出懷疑，裘先生認爲王先生提出的東西古籀說中，古文是戰國時代東方國家的文字一看法是正確的，但卻不贊同籀文是西土秦國文字，他的論據是：㈠籀文字形有些在商周時代已經存在。㈡秦以外國家文有與籀文相合。然而，裘先生的意見恐仍無法推翻王先生的說法，因爲王先生文中亦已論及東西文字皆同源於殷周古文，且文字的產生過程，人同此心，心同此理，對實物的描繪，每多類同。況且春秋戰國時期政治動亂，遊士輩出，東西方文化的交流和接觸早就異常頻密，彼此書寫的文字相互襲用影響自然是常事和必然現象。反觀《說文》中收錄正文有九千三百五十三字，重文有一千一百六十三。此書體例，篆文與古籀相同者，不出古籀，此表示有八千多字的字形由史籀文字以迄篆文的寫法都可能是一致的。所以裘先生就籀文字形見於古代，不足以否定籀文是秦國的文字，就若干字例看籀文與秦以外國家的文字相同，亦不足以證明〈史籀篇〉不是秦地的字書。況且，由以下籀篆緊密的現象和古籀文相對的關係，東西古籀一說仍是有其堅實的依據：

㈠《說文》敘說：「秦始皇帝初兼天下，丞相李斯乃奏同之，罷其不與秦文合者。……皆取史籀大篆或頗省改，所謂小篆者也」。由此可證籀文和小篆相承的關係，籀文是秦統一天下以前流行於秦地的書體。由籀文演變到小篆只是「或頗省改」。所謂「頗」，當即稍稍，並不是指大量而言；所謂「或」，意指有省有不省，有改也有不改。是知《說文》中只出現正文的小篆，應當也是籀文的寫法。㈡《說文》序言秦書有八體：大篆、小篆、刻符、蟲書、摹印、署書、殳書、隸書。此指秦地流行的八種書體，其中有大篆而無古文，可見所謂東土的文字並未為秦地官方所認同。㈢由地下材料印證，金文中屬於六國文字每多與古文相同，而秦文字與籀文相合。此現象正告訴我們，古籀是二種對立的文字。㈣魯地發現的壁中書是古文，也是春秋戰國時東土流行的書體。相對的秦所焚的書正應是此類六國的書籍，而秦所保留的及應用的自然是當日流行於西土的文字：籀文。以上種種現象，都足以證明戰國時期秦國用籀文六國用古文的可靠性。

4. 斷籀文非書體之名。王先生謂「《史籀篇》作書時亦祇用當世通行之字，有所取舍而無所謂創作及增省也。」

5. 斷《史籀篇》的字數，非如前人因誤讀《說文》敘：「尉律：學童十七以上始試，諷籀書九千字乃得為吏。」一段而云籀文有九千之數。反觀《倉頡》三篇僅三千五百字，加以揚雄《訓纂》亦僅五千三百四十字。籀文的字數不應多至九千是可以斷言的。

6. 斷《史籀篇》文體為四字一句，二句一韻，乃誦讀一類字

書，並無說解。

〈戰國時秦用籀文六國用古文說〉

分四段如下：

1.首引《漢書》、《說文》敘，明秦小篆本出自史籀大篆。

2.據司馬遷、楊雄、許慎語，明秦滅古文，即相當於書同文及焚六國詩書事。所謂古文，應即六國文字。

3.古文、籀文乃戰國時東西二土文字的稱謂。論證：(1)秦書八體中有大篆而無古文。(2)孔子壁中書與《與春秋左氏傳》凡東土六藝之書用古文而不用大篆。(3)《史籀篇》不行於東土諸國。(4)古文籀文皆源出於殷周古文，而秦居宗周故地，其文字自有豐鎬之遺，故籀文　與自籀文出的篆文，其去殷周古文反較東方六國文字為近。按：王先生在〈桐鄉徐氏印譜序〉一文中，復引用六國通行的兵器、陶器、璽印、貨幣文字互較壁中書古文，發現皆自相合，而與殷周古文及小篆不類。此足為其東西古籀說的又一佐證。

4.評《說文》敘以降論述六國的古文即殷周古文的失誤。

第四節　有關音韻的文章

文例：〈五聲說〉、〈周代金文韻讀序〉。

王先生對於當時流傳的、故宮秘藏的、及新出土的韻書，都曾做過大量的校勘工作，並吸收了清代乾嘉諸儒如顧炎武、江永、戴震、段玉裁、王念孫、江有誥等人及近儒沈曾植的古韻學成果，從而建立其個人的體系。他利用其豐富的音韻學知識，在古文字學、史學、考古學等不同學科中攻取空前的成果。

一、發明

1. 提出古音有五聲之說。
2. 提出古韻的陽類無上去入。
3. 歸納古韻學的歷史和成果。
4. 首開應用金石材料的韻腳和諧聲證古韻的研究先河。
5. 肯定近世古韻學的精密成果。
6. 參考王念孫、江有誥的古韻分部，於王氏部目中分東冬為二，於江氏部目中分脂至為二，成就其古韻廿二部。
7. 兼容會通清儒古韻學的研究，並加以開創新說。
8. 廣泛應用古韻的分部，作為討論文字通假的條件。

二、撰述方法

1. 先引述前賢意見，然後以己意總其成。
2. 先闡明周邊相關的問題，才進行核心問題的研討。陳述由外而內，由淺而深，乃逐層遞進之法。
3. 排比材料，作史的縱線了解，並客觀地分析不同時期的異同現象。
4. 歸納並活用清儒研究音韻的成果，而且有所開創。
5. 以事實證事實。由音理、古籍韻腳、諧聲偏旁、通假字、韻書等材料交錯驗證古音。
6. 以有韻的金文及石刻印證古韻分部。

三、內容

〈五聲說〉

分十三段如下：

1. 首段明全文要旨，提出古音共有五聲：陽類一與陰類的平上去入四。按：朱芳國〈王靜安的貢獻〉一文謂：「先師燕居時，與同門談及五聲之說，自言尚有須改處，則是說已非其晚年定論，學者分別觀之可也。」近人吳文祺在〈王國維學術思想評價〉中，更提出質疑：「古韻的陰陽入，是根據一個韻母的音位結構來區分，而平上去是根據整個韻母聲調的高低升降來區分的。……古人以入聲和平上去并列稱四聲，也是混淆了兩個不同的分類標準。王氏的五聲說所謂陽聲一，平上去入四，顯然是錯誤的。」此說目前恐仍存疑待考。

2. 略述自周以迄隋唐韻書的音變歷程。然其中平聲自始部分有二類，並無改變。

3. 列舉清儒自戴震開始，以至孔廣森、王念孫、江有誥諸家研治音學，分別就《廣韻》、周秦用韻及文字偏旁諧聲等，一致證明平聲有分陰陽二類。

4. 諸家研究陰陽聲的大類有別。段玉裁認為陽聲韻有平入無上去，王念孫、江有誥主張聲韻有平上去而無入。

5. 王先生提出陽聲自為一類，有平而無上去入。論證有三：(1)本諸音理，(2)徵諸周秦漢初之用韻，(3)求諸文字之形聲。按：王先生所謂的陽類平聲，只是以世俗之語相對言，實則陽類自為一聲，謂之平聲不恰當。他說的陽類是指收-m.-n.-ng的陽聲韻，而凡韻尾是元音或沒有韻尾的韻母，則是陰類。他不承認古音有收塞音-p.-t.-k韻尾的入聲韻。

6. 疑李登《聲類》、呂靜《韻集》所言的五聲，即古音五聲

之證。按：王先生於《王國維全集・書信》395頁覆唐蘭一函中，並未對此說堅持：「前拙撰《五聲論》疑《聲類》、《韻集》之五聲，即陽聲一、陰聲四，亦不過擬議之詞，尊意在反證此事，並未得確據，且存而不論可也。

7.討論五聲、四聲古今音的沿革：「五聲者，以古音言之也。宋齊以後，四聲說行而五聲說微。」

8.明五聲、四聲在用法上的區別：「五聲專以聲言，四聲乃以聲音之運用於詩文言。」

9.引戴震〈答段若膺論韻書〉論陰陽二類的分別：「以金聲比陽類，石聲比陰類。」

10.由音理證古音陽聲只有平聲，其收聲性質悠揚不盡，而與陰類的平聲絕不相同。

11.由事實證陽聲無上去入。論據有三：(1)群經《楚辭》中，今所謂陽聲之上、去，多與平聲通協，而陰聲之上去則多自相協。(2)陽聲諸部字，其於形聲，以平聲為聲者十之八九，而陰聲諸部字則多以上去入為聲。(3)《廣韻》陽聲諸部之上去，多兼收於平韻中。

12.討論段玉裁以來諸家對陽聲有否上去入的看法。段玉裁《六書音韻表》於第六部至第十四部無上去，惟於第七、第八、第十二三部兼有入聲，仍從今韻之故。王念孫以質（段第十二部之入）、緝（段第七部之入）、葉（段第八部之入）自為一部。江有誥亦以質、脂、緝、葉各自為一部。然二氏仍有九部無入而有上去，仍從今韻。王先生的五聲說，則主張陽聲無上去入。

13.末段以明清兩代古韻學的發明作結。謂：「自明以來，古

韻學之發明有三：一爲連江陳氏古本音不同今韻之說，二爲戴氏陰陽二聲相配之說，三爲段氏古四聲不同今韻之說。」，作爲已說的輔證。

〈周代金石文韻讀序〉

分六段如下：

1. 首段明近三百年學術以小學研究爲最具成果。

2. 次言小學中又以古韻之學最著於當世。

3. 列舉顧炎武、江永、戴震、段玉裁、孔廣森、王念孫、江有誥七人對古韻的貢獻，成就古音廿二部，並謂此部目令後世無可增損，實前無古人後無來者的發明。按：王先生的學生徐中舒〈靜安先生與古文字學〉一文謂：「今案治古韻學當以文字的聲類及三代秦漢的韻文爲根據，齊梁以後的韻書僅可爲參考之用。先生說：『其材料不過群經諸子，及漢魏有韻之文；其方法則皆因乎古人用韻之自然，而不容以後之說，私意參乎其間』。這眞是治古韻所應當持的態度。今人乃用齊梁後的廣韻定古韻的韻部，這種古韻部在數目上雖然可以說精密了，但是實際上反不及王氏江氏二十二部說，猶能得古韻的眞相。」

4. 分析古韻之學，是以客觀至精密的科學方法整理有限的材料，故能「不數傳而遂臻其極」。按：近人周予同在〈追悼一個文學的革命者——王靜安先生〉文中，曾批判王先生這態度：「就他的意見，似乎韻學的古韻，一部分幾乎已有定論，無復研究的可能，實則問題繁複，隨舉都是。例如：㈠王江古韻廿二部與近人黃侃古韻廿八部的是非問題。㈡周秦古韻與漢代古韻的異同問題。㈢古韻的發音問

題，都值得我們的鑽研，不能遽說『後世無可增損』或『前哲所言已包舉靡遺』。」

5. 王先生謂其古音之說，音分陰陽乃從戴震，陽類有平而無上去入則自段玉裁《六書音韻表》已發其先端。王先生自謙「不過錯綜戴孔段王江五家之說而得其會通」。按：王先生《觀堂書札》49札亦謂：「前書〈五聲之說〉，實因懋堂先生《音韻表》中自第六部至第十四部但有平聲觸發。近以漢魏音證之，尚有可相發者。」

6. 末段提出用金石文字的用韻可補諸家古韻書所未詳。從而證清儒古韻之學的精確。按：王先生在1915年撰〈殷虛書契考釋〉後序亦已對清儒治音學推崇不已：「我朝學術所以超越前代者，小學而已。順康之間，崑山顧亭林先生實始為說文音韻之學；說文之學至金壇段氏而洞其奧；古韻之學經江、戴諸氏，至曲阜孔氏，高郵王氏而盡其微。而王氏父子與棲霞郝氏復運用之，於是訓詁之學大明。」

第五節 有關古代禮器的文章

文例：〈說觥〉、〈說斝〉、〈說盉〉、〈說環玦〉、〈說珏朋〉。

王先生攻治金石之學，他在1914年完成了《宋代金文著錄表》、《國朝金文著錄表》二本金文目錄專書，為其研究金文奠定一紮實的基礎。其後他又寫了大量青銅器的序跋和考釋。如〈商三句兵跋〉、〈北伯鼎跋〉、〈散氏盤跋〉、〈克鐘克鼎跋〉、〈邾公鐘跋〉、〈秦公敦跋〉等，利用金文考證古史和古代禮制。

《觀堂集林》卷三藝林類收錄他研考古代禮器形制的文章，諸篇論文結構分析甚強，皆能由小見大，爲通考上古禮制的經典範文。

一、發明

1. 考證各種古代禮器，如：斝、觥、盉、環、俎、珏等形制、名稱和用途。

2. 分析禮器的斝，在古書中有訛作散和爵。

3. 分析禮器的兕觥與匜、角的區別。

4. 分析禮器的盉爲和水酒之器，而非調味之器。

5. 分析禮器的環、玦的分別。

6. 證明珏、朋古爲一字。

7. 證明古代錢貝爲「五貝一系，二系一朋」的古制。

二、撰述方法

1. 首先提出問題所在。或先破前人說法，繼而提出己說。

2. 據古文字批判《說文》，分析結體，並糾正古書。

3. 互較卜辭與金文的字形，並串連古書異文，鋪出文字發展的縱線。

4. 由文字的演變規律推論字形和字義。

5. 互較文例，見字與字間的關係。

6. 由古文字形驗證禮器的形狀。

7. 據目驗法證實物。透過實物的形制、銘文，加上字義、古音和古文獻的串連，了解禮器的名稱和功能。

8. 末段重申己說作結。

三、內容

〈說斝〉

分十一段如下：

1. 首引《說文》釋斝字的本形本義：「从吅从斗冂，象形，與爵同意。」按：段玉裁注《說文》改作：「从斗冎，象形」，以冎象器形，較合於古文字形和實物的意思。

2. 據羅振玉說糾正《說文》，點出从吅从冂並不見象斝形。

3. 引卜辭證《說文》之誤。卜辭的斝字作用 ，上象柱下象足，形似爵而腹加碩。《說文》的冎乃 的形訛。卜辭的 象手持形，《說文》轉訛為斗。

4. 引金文互證卜辭字形。金文有 ，與卜辭相同，象二柱三足一耳而無流無尾，但省 。此與傳世的斝形狀吻合。

5. 由字形論古文散字作 ，與卜辭的 形近，疑諸經中的散字即斝字的形訛。

6. 散為斝之訛，由實物、文獻互較證一。據端方所藏的飲器實物有：爵、觚、觶、角、斝，排比較對〈郊特牲〉〈饋食禮〉的飲器：爵、觚、觶、角、散，見斝、散二字用法相若。

7. 散為斝之訛，由文例互較證二。〈郊特牲〉的「斝角」，〈明堂位〉則言「散角」。古書中斝、散分別與角連文，皆指飲器之大者，且禮書中言散不言斝、言斝不言散，推論二者為同物。

8. 散為斝之訛，由文例互較證三。王先生引用《周禮》〈司尊彝〉、〈明堂位〉有「用斝」「灌斝」之禮，而《周禮》〈鬯人職〉則謂「用散」，從散為飲器、為灌尊。由斝、散互用，明二字本屬同字。

9.散爲斝之訛，由韻腳證四。王先生引《詩經》〈邶風〉〈簡兮〉的「赫如渥赭，公言錫爵」，毛傳：「見惠不過一散」，謂「經言爵而傳言散。疑經文爵字本作斝，轉訛爲散，後人因散字不得其韻，故改爲爵，實則散乃斝之訛字」。按：王先生是由赭、斝爲韻推想，二字古音皆在段玉裁古音十七部中的第五部字，即今言魚部字（ag），推論〈簡兮〉的爵字本爲斝，因形近而訛作散，復因需押韻而改爲爵。然此說改經字以釋意，恐太轉折。《詩經》〈簡兮〉：「左手執籥，右手秉翟。赫如渥赭，公言錫爵」一段，王先生認爲二句各自爲韻。籥，以灼切，古音在第二部，即今言宵部字（ɔg）；翟，徒歷切，亦在第二部。赭，之也切，古音在五部，但爵字即略切，古音卻在二部；赭、爵二字並不押韻。王先生遂判斷爵字本即斝字，後人因求整段協韻而改。然而，毛傳以散釋爵，不足以定經本身必用斝字，且詩韻四句一組，一、二、四句押韻是常見句式，細審〈簡兮〉詩分四段，由首段的舞、處爲韻，二段的舞、組爲韻，皆屬四句一組中的第二、四句押韻的句式，是知本段自亦應翟、爵押韻爲是，此文從字順，如以之爲前後二句各自爲韻，反與全詩不同。王先生此處所論恐有待商榷。

10.散爲斝之訛，由散文證五。王先生引〈燕禮〉與〈大射儀〉中的散爵、膳爵；酌散、酌膳對文，又引〈祭統〉中的散爵與玉爵、瑤爵對文，證散字非器名。此明斝爲本字，散爲後起的訛字。

11.總結。闡明此爲小學證古制的方法。

〈說觥〉

分五段如下：

1. 首段推崇宋人金石之學的識見。凡傳世古禮器名稱，皆宋人所定，迄今仍無法易其說。此包括：(1)據銘文自載稱謂而定其名。如：鐘、鼎、鬲、甗、敦、簠、簋、尊、壺、盉、盤、匜、盦。(2)據器的形制定其名。如：爵、觚、觶、角、斝。按：王先生在〈宋代之金石學〉一文謂：「金石之學創自宋代，不及百年，已達完成之域。……雖謂金石之學，為有宋一代之學無不可以。」

2. 論清人釋古器名卻有失誤。如阮元所藏的〈子燮兕觥〉，因其器「制似爵而高大，蓋作犧首形，有兩角」，遂名曰兕觥。王先生評阮氏所釋非，並認為此器為角：(1)由正面立論。此器無雙柱而有三足，又比爵高大，與宋以來名角者無一不合。(2)由反面立論。此器蓋作牛首形，與端方所藏的飛燕角，蓋作燕張飛翅形相當。古人隨意象物，此非必為兕觥之證。

3. 王先生用先破後立法，三破三立，據實物論證若干匜器為觥。他列舉〈博古圖〉、〈西清古鑑〉及端方所藏諸匜，分析宋以來言匜器實可由器形分作二類：甲類為「器淺而鉅，有足而無蓋，其流狹而長」，乙類為「器稍小而深，或有足、或無足，而皆有蓋，其流侈而短，蓋皆作牛首形」。其中的乙類，王先生認為皆非匜，其論有三：(1)由銘文內容證。甲類的匜，其銘皆云「某作寶匜」「作旅匜」「作媵匜」等，都有匜字。而乙類器則絕無匜字。(2)由器的性質證。匜的用法為燕器，非施諸鬼神的祭器，而乙類器銘

文多言「作父某寶尊彝」，其應爲孝享之器而非沃盥之器無疑。(3)由器的用途證。古禮沃盥時用匜盛水於盤，故無須有蓋，然乙類器皆有蓋。

4. 王先生判斷上述乙類器爲兕觥，其論證有三：(1)由蓋形證。乙類器中有蓋者多達五分之四，其無蓋者可能是出土時散佚。其蓋端皆作牛首，絕無他形。(2)由文獻與實物參證。《詩經》〈小雅〉、〈周頌〉均言「兕觥其觩」。王先生謂觩即《說文》的斛，曲也。《詩經》又假借作捄，如〈大東〉的「有捄棘匕」「有捄大畢」、〈良耜〉的「有捄其角」、〈泮水〉的「角弓其觩」。以觩、捄形容匕、角、弓、畢等曲狀物，此可及映兕觥的形制。相對的觀察乙類器蓋皆「前昂後低，當流處必高於當柄處」，可見器蓋二者均觩然有曲意，此與〈小雅〉〈周頌〉所言正合。(3)由字義與形制證。觥字有充廓意，引申有大意。《詩》疏引《五經異義》：「觥大七升」，是於飲器中最大者。互較乙類的器形，比受五升、六升的斝尤大，故當爲觥無疑。

5. 總結。末段引宋無名氏《續考古圖》中引錄二件乙類器爲兕觥，明此說出於本文，實早自宋人發之。此與首段行文相互關照呼應。

〈說盉〉

分六段如下：

1. 首段引歐陽修《集古錄》一器銘曰「作寶盉」，定盉始見於宋人的著錄中。

2. 就《說文》：「盉，調味也」而不云「器名」，及自宋人始以爲調味之器，提出疑問。

3. 據實物目驗其為調味之器的矛盾。王先生觀察端方所藏盛酒、飲酒、挹酒諸眾多酒器中，惟雜一盉而不雜他器，且從不見盉與鼎鬲等食器同列的例子，遂疑盉非世所言「調味之器」。

4. 舉古書證古代有和水酒之禮。王先生提出盉為「和水於酒之器，所以節酒之厚薄者也」，並引《周禮》、〈昏禮〉明古人用水浣酌於尊爵之禮制。

5. 分析盉器的形制，明其鋬、蓋、喙等部位的功能。

6. 結論。重申盉的用途，「在受尊中之酒與玄酒而和之，而注之於爵」。

〈說環玦〉

分六段如下：

1. 首段引《爾雅》〈釋器〉，明世人所言環與璧、瑗的差別，是在玉身的大小。

2. 由古書證環形非一玉。王先生引《左傳》的「宣子有環，其一在鄭商」，證環並非一玉所成。

3. 由實物證環形為連環，王先生據羅振玉所藏的一件古玉，乃合三片而連成一器，兩邊各有孔，遂疑此即古代的環。

4. 由讀音分析環、玦之別。環，完也；玦，環缺其一，故謂之玦。

5. 述後世皆以一玉稱環與玦，遂失古制。

6. 引古書《莊子》〈天下篇〉、《戰國策》〈齊策〉，印證羅振玉所藏器即古書的連環。

〈說玨朋〉

分六段如下：

1. 首段陳述殷時玉、貝的功能相同，皆同爲貨幣。論據有二：
   (1)《商書》〈盤庚〉見「貝玉」連文。(2)據寶字字形。卜
   辭有作 🔲、🔲，與篆文皆从宀从玉从貝。

2. 次段點出貝、玉大小的用法有差別。其大者用爲宗器、爲
   瑞信；其小者用爲貨幣及服御，而且都有物系連。後世稱
   系玉爲珏，系貝爲朋。

3. 三段證珏朋於古實爲一字。(1)由字形證。王先生引珏字卜
   辭作 丰、丰、拝、金文作 丰，《說文》釋玉字：「象三畫
   之連，丨其貫也」，正與古文字的系玉形相同。王先生復
   引系貝的朋字卜辭作 拝、月、金文作 拝、拝、𢆶，而朋友
   之朋字卜辭作 𠬝、金文作 𠬝、𠬝；與珏字形相當。(2)由字
   音證。王先生認爲古珏字當與瑹同讀，《說文》瑹的音讀
   與服同。服，古文作 𦨶，即葡字。古音服備二字皆在之部，
   而朋字在蒸部。之蒸二部屬陰陽對轉，可以通假。

4. 四段據字形糾正古書的箋注。《詩經》〈菁菁者莪〉箋：
   「二玉爲珏，五貝爲朋」，王先生排比字形，認爲古制的
   貝玉應是五枚爲一系，合二系爲一珏或一朋。反觀鄭康成
   箋的「五貝爲朋」之說，由古文朋珏字確系二系來看，五
   貝不能分爲二系，此實爲古制五貝一系的誤記。

5. 五段歸納古文字形的規律以證古制。卜辭的朋有珏、拝諸
   形，比較手字作 𠂇 而不作五指，王先生認爲「古者三以上
   之數，亦以三象之」。是知一系必不只有三貝。

6. 末段以目驗法證史。王先生以古貝實物長不過寸許，推論
   「五貝一系、二系一朋」當爲古制。

第六節　有關論述經學的文章

文例：〈與友人論詩書中成語書〉(一)(二)、〈肅霜滌場說〉、〈高宗肜日說〉。

王先生對於經書中的《尚書》《詩經》《三禮》《春秋》《爾雅》均有深入的研究，特別是對於《詩》《書》中的訓釋和禮制的發明，多有獨特過人的見解。以下僅就〈與友人論詩書中成語書〉等幾篇文章，探討其論學的方法。

一、發明

1. 提出經書中研究成語的意義。
2. 互較古書及金文，證明「不淑」「涉降」「臬司」「作求」「降命」「劼瑟」「有嚴」等成語的用意，並糾正古書箋注的錯誤。
3. 提出古書中聯緜字的語源及流變的研究方向。
4. 證明肅霜、滌場等詞的源流。
5. 證明《尚書》〈高宗肜日〉所載乃祭祀武丁事，並非武丁時的作品。

二、撰述方法

1. 首先引錄古書中有問題的材料，或古書箋注中紛歧的意見。
2. 分析問題難以處理的原因。
3. 提出假設或預期的答案。
4. 由古書的異文，配合互校《說文》、卜辭或金文等文例，

理解字形及字義。

5. 運用音轉的串連,剖析文字在文獻中的因承關係,從而討論文獻背後所呈現的各種意義。

6. 歸納考證的方法,並大量提出解讀文獻的客觀論例。

7. 根據實物印證,重申結論。

三、內容

〈與友人論詩書中成語書〉一

分八段如下:

1. 首段先點出《詩》《書》的內容多不能通解,謂「於書所不能解者殆十之五,於詩亦十之一二」。

2. 分析《詩》《書》難解的理由有三:(1)譌闕,(2)古語與今語不同,(3)成語的意義與其中單語分別的意義不同。

3. 強調宜以古證今的解讀方法。

4. 古書中如無更早材料為據,可藉互較原材料中同一成語的用法,了解其沿襲的意義。按:1922年王先生在北大研究所國學門提出四項研究計劃,其中的〈詩書中成語之研究〉所談與此正同。王先生說:「今日所存言語,無更古於三代者,其源既不可求,其語亦遂不可解;然猶可參互求之」。

5. 申論古書中合二字而成一語的成語,不能分別單獨來解釋。

6. 舉「不淑」為例。毛鄭箋注釋淑為善,王先生評此說不確,並徵引《雜記》《曲禮》《左傳》的「如何不淑」「若之何不淑」,謂即「遭此不幸,將如之何」的意思。「不淑」一詞為古代習用的成語,見於弔死唁生的時候,乃遭遇不

幸的意思。

7. 舉「陟降」為例。王先生謂此亦古代成語，「猶今言往來，不必兼陟與降二義」。《詩經》的陟降，即《左傳》的陟恪，通假為《曲禮》《莊子》的登假、《墨子》的登遐，皆只有登而無降意，是知此語不當分釋為上下二義。

8. 總結。王先生以讀古書不可「以文害辭，以辭害志」為戒作結。

〈與友人論詩書中成語書〉二

分十九段如下：

1. 首段提出應由《詩》《書》的本文互較，以了解古代的成語。

2. 舉《尚書》〈康誥〉：「汝陳時臬司」為例。孔傳誤續司字下屬。王先生認為臬司即臬事。按：即今言法律。其論據有二：(1)上下文互較。由〈康誥〉下文復曰：「汝陳時臬事〉，見司、事互用。(2)《詩》《書》與金文互較。《詩》〈小雅〉：「擇三有事」，〈毛公鼎〉則言「粵三有嗣」，見嗣、事通用。

3. 舉《詩經》〈大雅〉：「世德作求」為例。鄭箋誤訓求為終。王先生互較《詩》《書》，謂「作求」猶即《書》的「作匹」「作配」，與《詩》的「作對」。復由通假言求字借作仇，釋為匹。

4. 舉《尚書》〈酒誥〉：「惟天降命」、〈多方〉：「予惟大降爾命」、〈多士〉：「予大降爾四國民命」為例。傳誤訓降為殺。王先生根據：(1)上下文互較。〈酒誥〉下文的「天降威」正相對為文。(2)同書互較。〈多方〉：「天

大降顯休命于成湯」。此可證「天降命於君,謂付以天下;君降命於民,則謂全其生命」的意思。

5. 舉《尚書》〈酒誥〉:「汝劼毖殷獻臣」為例。劼毖義不可通,傳釋劼為固,釋毖為慎,均誤。王先生由上下文互較:(1)原文上文有「厥誥毖庶邦庶士」,推論劼毖為誥毖的訛變。(2)原文的「汝典聽朕毖」與「其爾典聽朕教」互較,得證毖和誥教同義。

6. 舉《尚書》〈梓材〉:「庶邦享,作兄弟方來」為例。傳以兄弟斷句,又以方為萬方,皆誤。王先生引《易》的「不寧方」、《詩》的「不庭方」,皆三字為句。復謂:「方,猶國也」。

7. 舉《詩經》〈魯頌〉:「魯邦是常」、〈商頌〉:「商是常」為例。箋謂:「常,守也」,誤。王先生認為常當讀為尚。〈大雅〉:「肆皇天弗尚」、《墨子》〈非命〉:「上帝不常」,可證古常尚通用。尚有右意。

8. 王先生進一步提出用金文互較《詩》《書》,以了解古代的成語。

9. 舉《尚書》〈金縢〉:「敷佑四方」為例。傳誤釋為「布其德教以佑助四方」,王先生引〈盂鼎〉:「匍有四方」,證佑實為有的假借。

10. 舉《尚書》〈多方〉:「越惟有胥伯小大多正」為例,《尚書大傳》則作「胥賦」。王先生引〈毛公鼎〉的「埶小大楚賦」,謂:「楚、胥皆從疋為聲」,證《大傳》作「胥賦」為是。

11. 舉《詩經》〈羔裘〉:「舍命不渝」為例。箋誤釋為處命。

王先生引〈克鼎〉：「舍命於成周」、〈毛公鼎〉：「父

厝舍命，母有敢蠢，勇命于外」，謂舍命與勇命同意，即

「致其君命」意思。

12.舉《詩經》〈楚茨〉：「先祖是皇，神保是饗」、「神保

是格」、「神保聿歸」爲例。傳箋皆誤訓保爲安。王先生

謂「神保」爲一語，即《楚辭》的「靈保」，〈克鼎〉的

「聖保」；皆祖考的異名。

13.舉《詩經》〈文王〉：「永言配命」爲例。傳誤釋：「永，

長；言，我也。我長配天命而行」，王先生引〈毛公鼎〉：

「丕巩先王配命」，謂「配命」爲一成語，即天所畀之命。

14.舉《詩經》〈思齊〉：「不顯亦臨，無射亦保」爲例。傳

箋解說迂曲，謂「臨，視也。保，猶居也」。王先生引〈

毛公鼎〉：「肆皇天無射，臨保我有周」、〈師詢敦〉：

「肆皇帝無斁，臨保我有周」，證臨猶保的意思，〈思齊〉

二字互文。由《詩》《書》互證，亦見二字通用。《詩》

〈雲漢〉：「上帝不臨」，即相當《書》〈多士〉的「上

帝不保」。王先生復由本詩的上下文互證，上云：「雝雝

在宮，肅肅在廟」的宮、廟互文，可見臨保二字的關係。

15.舉《詩經》〈卷阿〉：「俾爾彌爾性」爲例。傳誤訓「彌，

終也」。王先生認爲「彌性」爲一語，並引〈尨姞敦〉：

「用蘄眉壽，綰綽永命，彌厥生」、〈齊子仲姜鎛〉：「

用求考命彌生」，證彌生即彌性，猶言永命。

16.舉《詩經》〈韓奕〉：「榦不庭方」爲例，傳誤訓「庭，

直也」。王先生引〈毛公鼎〉：「率懷不廷方」、《左傳》：

「以王命討不庭」，證「不庭方」實爲不朝之國，非不直

的意思。

17. 舉《詩經》〈江漢〉：「肇敏戎公」為例。傳訓「戎，大也」、箋訓「戎，猶女也」，皆誤。王先生引〈不娶敦〉：「女肇誨於戎工」、〈虢季子白盤〉：「庸武于戎工」，謂戎皆指兵事，訓大訓汝皆失。

18. 舉《詩經》〈殷武〉：「天命降監，下民有嚴」為例。傳訓「嚴，敬也」、箋訓「天乃下視下民有嚴明之君」，皆誤。王先生認為「有嚴」為一語，多指上天的神祇祖考，金文例：〈齊侯鎛鐘〉：「虩虩成唐，有嚴在帝所」、〈宗周鐘〉：「先王其嚴在上」、〈虢叔旅鐘〉：「皇考嚴在上，翼在下」、〈番生敦〉：「不顯皇考嚴在上」。

19. 末段舉《尚書》〈康誥〉的「要囚」、〈君奭〉的「丕時」、〈洛誥〉的「厥若」等成語，謂皆有其相承的意義，唯已不足以徵考，姑從闕以待來者作結。

〈肅霜滌場說〉

分十一段如下：

1. 首引《詩經》〈豳風〉討論的原材料：「九月肅霜，十月滌場」，毛傳：「肅，縮也；霜降而收縮萬物，滌，埽也；場工畢入也」。

2. 次段以肅霜、滌場皆互為雙聲，乃古之聯縣字，評傳注分別解釋的不當。按：王先生在北大國學門曾定研究項目四種，其中的〈古文學中聯縣字之研究〉一類，「謂聯縣字合二字而成一語，其實猶一字也。……此等複語，其變化不可勝窮，然皆有其公共之源。」

3. 三段提出肅霜即肅爽，滌場即滌蕩的說法。

4. 四段引古書異文證肅霜即肅爽。如《左傳》的「肅爽馬」，正義引「爽或作霜」。《楚辭》〈大招〉：「曼鷫鵝只」，釋文：「鵝，一作雙鷫」。

5. 五段歸納文獻訓釋，謂馬有肅爽，鳥有鷫鵝，裘有鷫鵝，水有瀟湘；皆以清白而得名。由此推《詩》的肅霜，亦即〈大招〉的「天白顥顥」、〈九辯〉的「天高氣清」的意思。可見毛傳所釋肅霜之說有誤。

6. 六段引《禮記〈郊特性〉的異文證滌蕩即滌盪。

7. 七段引《說文》釋盪義，引申有清肅、廣大義。

8. 八段中述滌蕩音轉作〈漢郊祀歌〉的「詄蕩」、〈樂記〉的「條暢」、〈白虎通〉的「條鬯」。

9. 九段謂滌蕩由廣大引申有卓絕意，故音轉為《廣雅》的俶儻、《文選》的倜儻。

10. 十段謂滌蕩由廣大復引申有動作之餘地，故又有放蕩的意思，故音轉為《穀梁傳》的佚宕、《說文》的跌踢、江淹《恨賦》的跌宕。

11. 十一段以實物印證作結。王先生以北方氣候的爽塏，證《詩經》言九月天氣清高顥白，十月萬物搖動無餘的景象。

〈高宗肜日說〉

分三段如下：

1. 首段言尚書家於〈高宗肜日〉一篇有二說：一以《尚書大傳》《史記》為代表，謂此乃記「武丁祭成湯」事。按：〈書序〉言：「高宗祭成湯，有飛雉升鼎耳而雊；祖己訓諸王，作〈高宗肜日〉」，說亦同。一為金仁山說，指此為「祖庚之時繹於高宗之廟而作」。

2.王先生贊同金氏的說法，其論據有三：(1)由《尚書》的書法而言。《書》言祭祀必明對象，如〈堯典〉舜格於文祖、〈伊訓〉伊尹祀於先王等，此經應直言「王祭於成湯」、或「高宗祭於成湯」，不得云：「高宗肜日」。肜日，祭名。王先生復由卜辭的文例證。卜辭多「王賓某肜日亡尤」的例子，某為所祭的人，而非主祭者；相對《尚書》言「高宗肜日」，高宗當為受祭的人，而不得釋為高宗祭成湯。(2)由祖己之名證此文非武丁祭成湯。卜辭中有「王賓祖己」的例子，「王賓」之祭對象皆屬先公先王，是知祖己當是殷的先祖。王先生復引卜辭：「癸酉卜，行貞：王賓父丁，歲三牛，眔兄己一牛、兄庚一牛，亡尤？」考諸殷王的世系，此辭乃祖甲時所卜，父丁即武丁，兄己、兄庚當為孝己、祖庚。此經言祖己訓於王，如釋王為高宗，則以子訓父，於辭不順；若釋為祖己告誡祖庚，則如伊尹訓大甲之例，於事無嫌。然經文不云兄己、父己而稱祖己，則其納諫雖在祖庚之世，而其著於竹帛當必在武乙以後。(3)經云：「典禮無豐於昵」，昵訓禰廟，即今言父廟。此更可證為祖庚祭高宗武丁之廟，而非武丁遠祭成湯之辭。

3.結論。此文據卜辭以考證古書，可見先秦文獻的不足徵。

第七節　有關研究邊疆外族的文章

文例：〈鬼方昆夷玁狁考〉

王先生開創近代中國學者研治西北史地的先河，他靈敏的運用小學和地下材料，重組史料，對邊疆外族如西胡、韃靼、西遼、

蒙古等每多提出獨特的看法，特別是針對匈奴史的淵源，開創了前所未有的意見。〈鬼方昆夷玁狁考〉是一篇在史學界影響極深遠的大文章，雖然，此文僅就紙上、地下材料的推論串連，與上古史實有否距離，仍待論證。其結論庸或有所爭議，但迄今仍未有足以推翻其說法的文章出現。

一、發明

1. 提出鬼方部族的歷史流變。
2. 由古器物、古文獻串連鬼方、昆夷、犬夷、薰育、玁狁、犬戎、狄、匈奴等不同時期的稱謂，開啟後人研究匈奴史的先河。
3. 提出應用雙聲證明古語間關係的可能性。
4. 開創透過文字的了解，考證歷史文化的方向。

二、撰述方法

1. 首先陳述結論，讓讀者對全文有一明確的思考方向。
2. 分析同族異名或異地同名的差異。
3. 由古書、古器物、地下材料重疊互較族名的流變或地望的名稱。
4. 由文字、音轉、雙聲等方法串連異名。
5. 申論該族的歷史文化，並強調該族和中國在各階段的關係。
6. 提供相反的材料，並作合理解釋。
7. 謹慎的歸納結論。

三、內容

分十三段如下：

1. 首段概述鬼方在古代中國活動範圍及名稱演變：商周曰鬼方、曰混夷、曰獯鬻。宗周曰玁狁，春秋後曰戎、曰狄，戰國以降曰胡曰匈奴。

2. 分析同族異名的差異。有屬中國人所冠的名，如戎、狄；有屬其本名，如鬼方、混夷、獯鬻、玁狁、胡、匈奴，唯其中的方、夷亦應爲中國所附加。

3. 由古書證此族最早的稱謂爲鬼方。王先生引《易》〈既濟〉、〈未濟〉爻辭、《詩》〈蕩〉明殷時已發現此族。按：拙稿〈殷武丁時期方國研究〉一文中有〈鬼方即呂方考〉一節，該節的論據有五：(1)用刻辭、文獻互證。(2)由曆法證。(3)由卜辭地理證。(4)由部族間的關係證。(5)由出土金文證。論定卜辭的呂方相當於文獻的鬼方，把鬼方一族的源頭推展至地下材料中。詳見《甲骨學論叢》205頁。

4. 據古本《竹書》與古器物互證其地望。王先生由《竹書》稱「王季伐西落鬼戎」，推其地在岐周以西；復由〈小盂鼎〉、〈梁伯戈〉皆刻「鬼方」字，而盂鼎出陝西鳳翔郿縣、梁在今陝西西安府韓城縣，故其地應在西北接岐山縣。

5. 據周的勢力範圍和客觀形勢論其地望。岐山郿縣以東即周京豐鎬地，其南又限以終南、太一諸山脈，唯其西的汧渭之間，是西戎出入的地方，再往西踰隴坻，則已是戎地。是知鬼方的客觀地望應在汧隴之間，或更在其西，相當環繞周的西北地。

6. 據古書和金文印證鬼方一族的強盛。由《易》稱「高宗伐鬼方，三年克之」，《紀年》稱「王季伐西落鬼戎，俘其

二十翟王」，可見其族非小。〈小盂鼎〉紀宗周時伐鬼方，
執俘萬人，和許多牛、羊、車，該族的強大可見。

7. 由文字串連鬼方的名稱，由族名的畏方、鬼方而國名的宗
周隗國而姓名的春秋隗姓、金文媿姓。《易》《詩》作鬼，
〈盂鼎〉作𢦏、〈梁伯戈〉作魁。王先生認爲此皆古文畏
字，他引用羅振玉所藏古錢有「亡𩏑」字，謂即亡畏，證
魁、畏相關。又引《毛詩》傳：「鬼方，遠方也」，畏、
遠雙聲，遂言鬼方之名當作畏方。他復就《莊子》〈天地
篇〉的「門無畏」，《釋文》及郭象本皆作「門無鬼」，
明漢人始改畏爲鬼。按：此說法似仍可商，鬼字的理解無
庸轉折先釋本作畏字。

8. 由音轉串連鬼方名稱。由畏、鬼的陽聲轉爲《詩》〈緜〉
的混夷、《說文》馬部的昆夷、口部的犬夷、《孟子》作
昆、《史記》〈匈奴傳〉作緄、《尚書大傳》作畎夷。又
變爲《史記》〈五帝本紀〉的葷粥、〈周本紀〉的薰育、
《孟子》的獯鬻。又變爲《詩》的玁狁。王先生認爲鬼字
屬古韻微部，昆字屬文部，陰陽對轉通用。混、犬聲母分
屬喉、牙同音，可以通假。昆、薰，聲母相同，韻母同爲
文部，可以互用。薰的語音引而長之，即爲玁狁。以上諸
名皆係一語之變，當即同一部族的稱謂。

9. 分析有矛盾的文獻材料，並提出合理的解釋。《孟子》、
《詩》序等均分言混夷與獯鬻、玁狁，王先生認爲《孟子》
言「太王事獯鬻，文王事昆夷」，並舉獯鬻和昆夷，實異
名同實，乃由於行文避免重複之故。據《詩》〈緜〉本文，
太王所事，正是混夷可證。《詩》序所言，亦由於誤解〈

出車〉的「赫赫南仲，玁狁于襄」、「赫赫南仲，薄伐西戎」二句，此西戎與玁狁互言以求諧韻，與《孟子》的錯舉成文相同。

10.由雙聲串連鬼方名稱。王先生認爲葷、薰、獯和玁韻異而聲同，屬於雙聲的關係，並疑先有獯等音而後有玁狁的合音。由文獻的排比，先獯鬻而後玁狁可據。金文作畎允〈不嬰敦〉、厰款〈兮甲盤〉，一變作玁，《史記》以降則作獫狁。按：王先生在1915年〈爾雅草木蟲魚鳥獸釋例〉自序中與沈曾植討論雙聲對於古書假借轉注的決定性：「余又請業曰：『近儒皆言古韻明而後詁訓明，然古人假借轉注多取諸雙聲，段王二君雖各自定古音部目，然其言詁訓也，亦往往舍其所謂韻而用雙聲，其以疊韻說詁訓者，往往扞格不得通，然則謂古韻明而後詁訓明，毋寧謂古雙聲明而後詁訓明歟？』方伯曰：『豈直如君言，古人轉注假借，雖謂之全用雙聲可也。雙聲或同韻或不同韻，古字之互相假借轉注者，有同聲而不同韻者矣，未有同韻而不聲者也。君不讀劉成國釋名乎？每字必以其雙聲釋之，其非雙聲者，大抵譌也。』……余大驚，且自喜其億而中也。」

11.由文獻和金文互較玁狁出入的地理，如焦穫、涇陽、鎬、朔方、太原、西俞、高陵等，大致自宗周的東北而包其西。

12.由文獻和金文考西周時用兵玁狁的史事，大抵活動時間在懿、孝、夷、厲、宣諸王之世。

13.末段討論玁狁的後裔。宣王後有戎、狄而不見稱玁狁。自幽、平以後，至於春秋隱、桓之間，但有戎號，莊、閔以後，乃有狄號。因其族爲害中原尤甚，故漢人不呼其名而

以中國的賤稱名其族，有關追記其族先世的詩文，亦冠以惡名，故「言昆夷則謂之犬戎，薰鬻則謂之獫鬻， 允則謂之玁狁」等是。戰國以後，其族稍遠漢域，中國復以其本名稱之，曰胡曰匈奴。按：拙稿《中山國古史·彝銘考》，有詳論鬼方、玁狁、狄、鮮虞，以迄建國的中山屬同族異名，把鬼方的歷史往下推至戰國的中山國。參見台大1983年碩士論文。

第八節　有關研究考古材料的文章

文例：〈散氏盤跋〉、〈鑄公簠跋〉、〈攻吳王夫差鑑跋〉。

王先生根據青銅器、虎符、璽印、封泥、木刻等出土文物，印證其中的文字和古文獻的關係，詳細考定上古歷史和地理。相關的文章收錄在《觀堂集林》卷18的〈史林〉中。文章短小精闢，分析力強，往往能見人所不能見，篇篇有新的發明。

一、發明

1.開展由考古材料研究上古地理的方向。

2.提出結合考古文物出土地望、銘文和文獻，作爲研究歷史、考釋文字的方法。

二、撰述方法

1.首先交待銅器出土的地望及銘文的內容。

2.根據考古材料，互較文獻、異文、字書，與及語音通假，考訂地理和史實。

3.引例外的材料提出可能的擬測。

4.結語。

三、内容

〈散氏盤跋〉

分九段如下：

1. 提出問題的核心所在。由彝器的出土地望，確定銘文中的國名地名。

2. 由金文證金文，據〈克鼎〉中地名的井與〈散氏盤〉用法相同，推斷二器出土的位置相約。

3. 由近人資料推斷地望。王先生據華陽王文燾所言，〈克鼎〉是在寶雞縣南的渭水南岸出土，推論〈散氏盤〉的故虛亦應在附近。

4. 由文獻確定地望。考《水經注》〈渭水注〉中相符的地望，有大散關的散。

5. 分析〈散氏盤〉的地名 𢀛，與吳縣潘氏所藏益公敦的 𢀛 族字形相同；即眉字的異文。

6. 由語音串連眉、𢀛同字。古器中眉壽字作 𢀛，而 𠂔 即古豐字省，與眉聲屬陰陽對轉。王先生遂推論眉字的 𢀛 爲象形，𢀛 爲形聲。

7. 互較古文獻，證眉微通用。(1)〈少牢・饋食禮〉「眉壽萬年」，古文眉作微。(2)《左傳》莊公廿八年「築郿」，《公》《穀》二傳作「築微」。由此證明《周書》〈牧誓〉和〈立政〉的微族即相當於〈散氏盤〉的 𢀛 及〈益公敦〉的 𢀛。

8. 述眉由族名而地名。王先生引漢右扶風有郿縣,《詩》〈大雅〉「申伯信邁,王餞于郿」,明在宗周時已有眉地,在渭水之北,乃因此族而得名。

9. 由〈散氏盤〉考證相關的地理位置。明矢在散東,井在矢、散之間而偏北,其餘諸小地盡在數十里之間。

〈鑄公簠跋〉

分六段如下:

1. 首先引錄簠銘,證明此器乃鑄公為女孟妊所作的出嫁媵器,亦推知鑄為妊姓。

2. 由文獻互證鑄、祝同字。《樂記》:「武王克殷,封黃帝之後於祝」,鄭注:「祝,或為鑄」,《呂氏春秋》〈慎大覽〉亦云:「封皇帝之後於鑄」。

3. 由文獻及《說文》的讀若證祝、州音同通用。《左傳》《公羊傳》的「州吁」,《穀梁傳》作「祝吁」。《說文》丳字「從𠀐州聲,讀若祝」。

4. 由文獻互證,見鑄公即祝公,亦即《春秋》桓公五年的州公,《左傳》則稱作淳于公。

5. 由彝器的出土地證鑄的位置。王先生謂淳于在今山東青州府安邱縣境,在光緒初年青州有出鑄子叔黑頤所作鼎簠諸器,與此鑄公簠出土於齊東正相合。可見此器亦為淳于時所鑄。

6. 由文獻的差異考鑄國遷移的歷史。《左傳》襄廿三年「臧宣叔取于鑄」,杜注:「鑄國,今濟北蛇邱縣」。《續漢書》〈郡國志〉:「濟北國蛇邱縣有鑄鄉城」。此皆州公西遷後之地。

〈攻吳王夫差鑑跋〉

分八段如下：

1. 首段引錄鑑銘：「攻吳王夫差擇其吉金自作御監」。

2. 王先生追述過去因此鑑在山西出土，曾疑此非世所言的吳物，並論攻吳爲工虞，即官名。按：此可見王先生治學不苟同的精神。

3. 參閱金文，修正己說。王先生見丹徒劉氏所藏及《西清續鑑》所收鐘凡十二件，有「工敔王皮難之子」字樣，遂更改己意。按：此更可見王先生客觀、求眞，復忠誠的治學態度。

4. 由音韻釋讀金文。王先生認爲金文的工敔，即攻吳；皆句吳的異文。古音工、攻在東部，句在侯部，二部字可陰陽對轉。

5. 由聲類推皮難即《史記》〈吳泰伯世家〉的頗高，乃吳子壽夢的曾祖，其年代當在春秋初葉。

6. 由金文文例互證。王先生引古器銘的郑、龜互用，印證吳、敔二國可以相通。

7. 結論。重申本鑑的「攻吳王夫差」或即吳王夫差。由本鑑形制的鉅麗，與夫差的侈華正可以相印證。按：王先生於重重證據下仍用一「或」字，見其謹愼的態度。

8. 末復由史事推測此器出土於山西的可能原因。王先生謂「或黃池之會所遺棄歟」，可備一說。

第九節　有關板本考證的文章

文例：〈聚珍本戴校水經注跋〉

　　王先生爲研治古代史，對於古文獻都曾逐一細心整理。他一生校書無數，爲求掌握可靠可用的資料，特別是《水經注》和《竹書紀年》二書，先生更是一再考證各種珍本秘本。有關《水經注》考訂的文章，如〈宋刊水經注殘本跋〉、〈永樂大典本水經注跋〉、〈明鈔本水經注跋〉、〈朱謀㙔水經注箋跋〉、〈孫潛夫校水經注殘本跋〉、〈聚珍本戴校水經注跋〉等，對於《水經注》一書板本的研究有極重要的貢獻。以下僅就〈聚珍本戴校水經注跋〉一文加以探討其論述方法。

一、發明

1.發見戴東原所校的本子是抄襲前人。
2.校訂《水經注》諸善本，並歸納前人善本的長處。
3.強調板本互較的重要性，爲後世校勘學立一範文。

二、撰述方法

1.首先由讀書時互較板本，由板本的異同發現問題所在。
2.互較諸善本，並討論諸家之長。
3.切入問題核心，由前人的疑惑導引出抄襲一問題的可能性。
4.討論抄襲的可能時間。
5.由人性的角度討論竊書的可能。
6.由諸刊本的內容互較，判定竊書案。
7.結語。

三、內容

分十八段如下：

1.首段擬測戴東原校聚珍板本《水經注》是出自《永樂大典》本。

2.取《大典》本校戴本，發現戴本優越的地方全見於《大典》本，但《大典》本的勝處卻未盡見於戴本。疑戴本又不全據《大典》本。

3.互校明以前舊本：朱王孫本、宋刊殘本、孫潛夫手校殘本、古今逸史本，從而了解諸本的沿革。

4.論《水經注》諸善本之長處有四：(1)更正錯簡，(2)釐訂經注，(3)捃補逸文，(4)考證史書。

5.戴東原本成書最後但最先刊出，其書博取諸家之長，故最爲善本。

6.戴氏弟子段玉裁發見趙東潛校本多與戴本雷同，唯只疑是後人校刊趙本時以戴本改動趙本。

7.道光時張石舟首據全謝山校本的抄本，謂戴書抄襲全氏。

8.光緒中葉薛叔耘刊全氏本於寧波，戴氏竊書之案逐成定論。

9.由孫潛夫本、全趙二本校戴本，知戴氏確得見全趙二家之說。

10.由朱箋本刊誤引全說和趙本校改部份互較戴本，見與戴本多合。

11.《水經》〈渭水注〉中脫簡一頁，全、趙本據柳大中抄本、孫潛夫本補訂。戴氏自言據《大典》本補，唯互較《大典》原本，戴氏所補不同於《大典》本而反全合於全、趙二本，可證戴氏必先見全、趙之書。

12.論趙校本一書收入四庫館在乾隆三十九年前，而戴氏較本

成於是年冬天，推知戴氏當時必見趙書。王先生復疑戴氏見趙書或更早在乾隆三十五年在修直隸河渠書的時候。

13.評戴氏校定《水經》，盡以諸校本之美歸諸《大典》本，而掠諸家釐訂之功以爲己出。

14.論戴氏爲人，「自視過高，鶩名亦甚」。一生致力於小學，而於六經大義並無創獲。

15.評戴氏其他著述，亦往往述其自得而不肯明言其所自出。

16.由諸板本的第一卷互校，證戴氏據他本私改《大典》本而不標示出處：(1)〈河水〉一「遐記綿邈」的遐邈二字非《大典》原本，乃據朱王孫箋補。(2)「令河不通利」的令字，《大典》本作今，乃從全、趙二本改。(3)「天魔波旬」，《大典》本與諸本同，但戴氏私改《大典》本的天爲夭，以附合其校語夭、妖字通之說。(4)〈河水〉二「左右居也」，《大典》本本作「在右居也」，戴氏據全、趙二本改。

17.戴氏本校語從未一引他本，獨引歸有光本五條。唯歸本早佚，王先生疑其所引亦爲僞說。

18.總論戴氏治《水經注》之失，與其性格有關。全文以忠實治學爲戒作結。

第四章　論〈説文練習筆記〉

　　〈說文練習筆記〉是劉盼遂先生在清華研究院聽王國維先生
講授《說文解字》的課堂筆記。筆記中的文字甚簡，只是扼要交
代王先生的意見。全部的內容僅及《說文》十四篇中的首三篇，
講解文字共91條。唯籍此仍可概見當年王先生研治《說文》的風
範。

　　王先生根據《說文》的收字逐一作批判式的講授，他特別列
舉一些有問題的文字，參證古文字的成果和古書的異文，分別就
形、音、義三者加以分析或發揮。王先生討論《說文》的方法可
舉例評述如下，共23項：

1. **由文字的縱線演變看《說文》。**

天　　王云：〈盂鼎〉天作 �、〈齊侯壺〉作 𠀇。

吏　　王云：尋字之孳乳次序則𠁁一𠁁二𠁁三𠁁四也。𠁁之孳
　　　　乳爲毓育后後等字則軌道亦猶是也。

行　　王云：辵、彳、亍、行四字實由一字衍變。龜板文有 𣥐、
　　　　𣥐、上文象四足在四達路口，下文象二足在道中
　　　　也，當即許書辵之古文。後來以辵爲偏旁，因決
　　　　裂之而爲彳爲亍爲行，遂違古文之意耳。

按：天字的甲文作 𠆢、金文作 �作 𠀇。字形由刻而鑄，字首
　　由方而圓，由圓點而橫畫，強調的是人首顚頂的部份。
　　吏字字形流變的分析正確，詳見王先生〈釋史〉一文。

行字由𣎴而決裂爲行爲彳爲亍，此爲漢人能分則分的錯
誤釋字方法。古文字中絕不見彳、亍單獨應用的例子。

2.**由甲骨文論證《說文》。**

祏　王云：龜板文有𥊽字，从示从石省，即《說文》祏字。

王　王云：吳清卿說王下爲从火。即火盛爲王之本字。實則
　　　　不然，龜板文正同小篆作。

瑗　王云：龜板文有𤣥，疑瑗之本字。

玨　王云：古玉或貝皆以一貫五枚，二貫爲一玨。故龜板文
　　　　作𤤴。

士　王云：龜板文牡字作𤉩，从士。推十合一爲後起義。

按：拙稿《殷墟甲骨文字通釋稿》（以下簡稱《通釋稿》）
292頁祏字條作𥊽作𥊽：「《說文》：「宗廟主也。《
周禮》有郊宗石室。从示石、石亦聲。」即宗廟中藏木
主的石室，後世稱神龕。卜辭多用爲動詞，示祭祀先世
神主，其後接先公先妣名。」王字在甲骨的寫法由第一
期卜辭作𤤖，第二至四期增短橫作𤤗，以迄第五期作王，
始與小篆字形相合。《通釋稿》442頁王字條：「象人
拱手端坐之形，示君上威儀。參諸皇字、士字及殷墟陶
人君拱坐之形，可證王字不象火盛之貌，亦非《說文》
一貫三之意。」瑗，卜辭的𤣥字只借用爲第一期卜辭西
北地名，是否爲瑗的本字仍待考。玨，甲骨作𤤴、玨，
已借用爲地名或族稱。朋，甲骨作𠕁，象二串貝相聯，
與玨同,卜辭仍用爲貨貝單位，可推見玨字本義。士，王
先生引甲骨的牡字，謂《說文》的「推十合一」爲後起
義。此說仍有可商。因字既作⊥，實爲獨體，可進一步

推論《說文》所引爲誤。

3. 由金文論證《說文》。

一 王云：金文中用弌爲一者，始見于戰國時器。若二作貳、
　　三作參則見於〈召伯敲〉。

上 王云：六國銅器有上字，春秋時器有下字。

旁 王云：銅器中作旁。其上體之丹，爲古凡字，見〈散氏
　　盤〉。

此 王云：古金文字不見有此。始見于戰國。

龠 王云：金文恆見龠，音讀不可知。然則龠字，殆从亼从
　　龠也。

屰 珏云：屰象倒人。見〈楚公鐘〉。

中 王云：金文中正之中皆作中。伯仲與中央則皆作中。其
　　作中者算器也。

按：一，《說文》古文作弌。〈代大夫壺〉一作弌，參見《
　　金文續編》一字條。戰國〈中山國方壺〉的一作鼠，从
　　鼠。商承祚引晚周〈綏恩君壺〉的二作弍，見《金文詁
　　林》一字條。反觀殷代甲骨的一字均單橫作一，可見一
　　爲此字最原始最基本的寫法，从戈从鼠皆屬後起記數的
　　特指單位，由所从偏旁可反映某造字時期的特殊地域背
　　景。上，殷甲骨均作二，西周金文如〈毛公鼎〉、〈克
　　鼎〉、〈士父鐘〉亦作二；與《說文》古文同。春秋以
　　後始見作上，如〈蔡侯盤〉、〈上官登〉。《說文》篆
　　文作丄，與〈新郪兵符〉、〈上林鼎〉及秦刻石的上字
　　同。段玉裁誤改爲丄。旁，甲骨已作旁〈甲2464〉，
　　亦作旁〈通8〉、作旁〈前2、3、2〉，至金文則从凡

作⿱、⿱。《說文》古文所从的⺆、篆文所从的⿱皆凡之譌。此，王先生謂始見於戰國金文，唯《通釋稿》68頁已見卜辭有此字作⿰、⿱、⿱等字形，从止及人，由追及引申有降臨意。龠，由古文字比核，《說文》的「从品龠」應誤。〈散盤〉作⿱，象竹管樂器形。〈臣辰盉〉增从倒口作⿱，亦有改从又如〈番生敦〉作⿱，示用手按孔奏樂。屰，王先生釋「象倒人」，甚是。甲骨已有⿱字、〈目父癸爵〉作⿱，乃獨體。《說文》謂「从干下⿱」，全誤。中，王先生有〈釋史〉一文，詳考中字本形與流變；參《觀堂集林》。

4. 由古文論證《說文》。

⿱　王云：止也。實則古文字形反正相同，不因是而音義異。據龜板金文考之，無不如此。

廷　王云：廴部之廷。古文作⿱。建，石鼓文作⿱，皆不从廴。《說文》宜別立乚部。

疋　王云：疋與足恐本一字。古文楚亦从足可證。

按：止，甲骨文作⿱、作⿱；古文正反無別。《說文》誤以反文而另造一字。王先生說是。疋，〈楚公鐘〉作⿱，从足。林義光《文源》：「足，遇韻；疋，模韻。形近又雙聲對轉，當即同字」。可證王說。廷，王先生以石鼓文、古文證其偏旁作乚，甚是。〈毛公鼎〉作⿱、〈頌鼎〉作⿱、〈盂鼎〉作⿱。

5. 由實物論證《說文》。

珏　王云：殷虛出蚌璧小如康熙錢。疑古系璧，自有石蚌一二種也。

琥 王云：戰國時已有虎符。《古玉圖考》收琥種類甚多，實非虎符，但雜佩式劍璏之類耳。

環 王云：古環玦多由摺扇面式之玉片合成。今京師不少見。

按：王先生《觀堂集林》卷三有〈釋環玦〉、〈說玨朋〉等有關出土禮器文章，均據實物討論字形。

6.由古書論證《說文》及段注。

瑤 王云：車蓋弓，《周禮》亦謂之穹隆。

琢 王云：圻鄂連語，《周禮》注亦作殿鄂。

琰 王云：《尚書》〈顧命〉陳寶大訓弘璧琬琰。琬琰為二物，段合為一非也。

牙 王云：《說文》無互字，竹部有从互之笄。實則互即牙字之變。六朝唐寫本牙互字作牙。

按：以上諸字均不見於甲金文。古文字有齒而無牙。

7.評許慎說解之誤。

禋。籀文作𥚟，从宀。王云：許說誤。此从示𡨄聲。

瑾 王云：瑾字會意。許君蓋望文生訓，其是處固多，然失處亦時見。

按：籀文禋增从宀，字的結體或應作「从宗垔聲」。《說文》謂「籀文从宀」，實不誤。

8.評段玉裁說解之誤。

祂 王云：司命，小司命也，與竈原無關。段注非。

琰 王云：琬琰為二物，段合為一非也。

玭。注：十五部。 王云：宜在十六部。紫或作𦆯其例也。故玭亦譌作瑳。若十五部則不與十七部通。

琢 王云：琢、瑪不同部。

牡　王云：段謂从土取土爲水牡之意，其說非也。

9. **評《說文》字形之誤。**

　　禱。籀文作⿰示壽。　王云：⿱⿰壽 疑爲⿱壽字之誤。即禱之得聲。

　　按：禱，从示壽聲。籀文所从的⿱即壽字，是知⿱壽恐非聲符。
　　　　又，同部的祟字有籀文作⿰示祟，古音在微部（即段玉裁的
　　　　第十五部）與古音屬幽部（即段氏的第三部）的禱字不
　　　　同音，亦可證⿱壽非表聲符。

10. **據小徐本校訂《說文》。**

　　祖　王云：小徐本有禮字，即詛字。

11. **由《說文》看古今字。**

　　丕　王云：《尙書》中多丕字，且多作語辭用。疑本爲不字，
　　　　　　　後人誤釋爲大，因加一其下，改爲丕字耳。

　　余　王云：今文有余舍二形。

　　正　王云：當爲古征字，故从止。

　　按：丕，三體石經《尙書》均作不。卜辭中征伐字皆作正。

12. **由《說文》看引申義。**

　　止　王云：止，足也。故引申爲下基。

13. **由《說文》看假借義。**

　　嵋　王云：〈韓詩〉「周原膴膴」，膴膴者嵋之借。

　　葬　王云：死借爲屍。

　　特　王云：石鼓文「我歐其時」，時即特之借字。「我歐其
　　　　　　　樸」，樸即犥之借字。皆汎指牡獸言。

14. **由《說文》看偏旁混同。**

　　晨　王云：龜板文夙作⿰。古文夕月不分。

15. **由《說文》看異字同形。**

辛　　王云：辛為辭之本字。金文作 𢆉、𢆉 二形，若庚辛字則直筆縱下，與辛之下屈曲者別。謂今《說文》辛部字皆當併入辛部。

16.**由《說文》看異形同字。**

禮　　王云：龜板文豐、醴、禮三為一字。

襘　　王云：襘裌疑同字，猶檜又作栝，論又作𧨾矣。

17.**由《說文》看音韻的關係。**

一　　王云：段注一，於悉切。段用大徐本。大徐反切用《唐韻》。

元　　王云：於《廣韻》月為元之入，曷為寒之入，故元從兀聲，而元兀又為雙聲。

𣼈　　王云：古歌（段17部）支（段16部）二部幾於不分。

屮　　王云：屮艸雙聲。

18.**由《說文》看古成語。**

蓏　　王云：果蓏二字連語。

虓　　王云：虓掠難解，或古成語。

犗　　王云：畜犗，漢常語。

按：參王先生《觀堂集林》的〈論詩書中成語書〉。

19.**由《說文》看亦聲的意義。**

句　　王云：拘、笱、鉤會意重於形聲。

20.**由《說文》申論古書的異同。**

靈　　王云：《詩》「神保斯亨」，猶《楚辭》之靈保也。

峞　　王云：〈韓詩〉「周原膴膴」，膴膴者峞之借。〈毛詩〉作膴，膴則膴膴之形譌。

21.**由《說文》申論古書箋注的異同。**

祇　王云：《詩經》〈何人斯〉「一者之來，俾我祇也」。
　　　　　鄭箋訓祇爲安，謂祇爲禔之借。毛傳訓病謂祇爲
　　　　　疧之借。

禘　王云：鄭康成謂禘爲祭員丘，郊爲郊祭。王肅非之。

裯　王云：鄭必易杜者，以牲皆家畜，獵者野畜亦一證也。

22.由《說文》申論古史制度。

琅　王云：《禹貢》雍州貢之，實則自和闐來也。石之自然
　　　　　圓者。

珦　王云：漢人以匈奴爲胡。故葱嶺東西，漢人別謂之西胡。

閏　王云：龜板文有十三月，是閏法起于周之證。

按：殷晚期卜辭中已有歲中置閏，王說不確。

23.闕疑。

示　王云：龜板文示爲𥬇𥫔𥫷諸形，然則示之三垂不可知。

瑗　王云：龜板文有𝔟，疑瑗之本字。

異　王云：〈虢叔鐘〉作𤰞，疑即扶翼之本字。

戴　王云：龜板文有𤯔𤯔𤯔諸形，疑即戴字。

王先生對於《說文》的說解，偶爾因參證材料的不足而稍有
失誤。如：

小　王云：象物瑣碎之形。

八　王云：本象形字。

莊　王云：龜板文有𦮼，爲古葬字。古文牆下之𠫔，仍與𤰞
　　　　　同。

介　王云：龜板文中有𣎺字，疑即介之古文。介與甲同。用
　　　　　甲三重以護肩身膝，故介从𣎱象之。

按：甲文小作 ⼭、⼩，示諸小點；八作八，乃相背之形。此
二字均屬虛畫，乃抽象概念，並不專指具體某物，故仍
宜釋爲指事。由甲文疾字作⽙，夢作⽫，均象人躺臥牀
上，此葬字所从的⼌，當即牀字的⼌形中牀首部份之譌。
甲文介字作 ⼋、⼁，互較其用法實即疾字省，並非從三
重甲之形；詳參《通釋稿》5頁。

由以上諸項歸納，可見王先生博引旁徵，研究層面廣拓而深
入。從文字的流變、古文字、古音韻、實物、版本及古書等論證，
評估《說文》和段玉裁注，並整理文字中的古今字、古成語、亦
聲、引申、假借等用例，復據《說文》申論古書異同和古代歷史，
皆能發前人所未能，提供後人無數中肯的研究成果。

第五章　讀〈觀堂尚書講授記〉

　　王國維先生自49歲就清華研究院之聘，為經史小學導師，並於是年八月起每周講授古史新證一小時、《尚書》二小時、《說文》一小時。次年八月則每周改授《儀禮》二小時、《說文》一小時，唯僅及一學期，在暑假的五月初二日自沈於頤和園。〈觀堂尚書講授記〉為吳其昌、劉盼遂二先生當時聽講的筆記，分別載於《國學論叢》第一卷三號和第二卷二號。王先生治學早為士林所推重，尤其在盛年後的思路和文章，更見觸類旁通，「精光葩耀，一字一珠」，微言要旨，多已超越前修，學究天人，開啟後人無數治學門徑。他在清華的講稿是以淺白的語言，吞吐其平生治學的經驗，教授諸生，自然彌足珍貴。

　　王先生講授《尚書》，首先討論《尚書》古今文的真偽、著作時代、歷史流變，與及板本問題，然後分篇逐句論述其看法。他講授的篇章包括：〈堯典〉、〈盤庚〉、〈高宗肜日〉、〈西伯戡黎〉、〈微子〉、〈泰誓〉、〈洪範〉、〈金滕〉、〈大誥〉、〈康誥〉、〈酒誥〉、〈梓材〉、〈召誥〉、〈洛誥〉、〈多士〉、〈君奭〉、〈多方〉、〈立政〉、〈顧命〉、〈康王之誥〉、〈費誓〉、〈呂刑〉、〈秦誓〉等25篇。由吳、劉二先生筆記的簡單引錄，吾人仍能品味到王先生當年研治《尚書》的大概。他充份應用二重證據法、板本校勘、文獻互較、闕如等科學精神，屢出新意，證據確鑿，對《尚書》的解讀有極大的貢獻。綜論王先

生分析《尚書》的方法有27項，逐一舉例如下：

1. **由卜辭證《尚書》。**

〈盤庚〉上「卜稽日」　王云：稽，本作乩，龜甲文中屢見「王囚曰」之文，囚即占之奇文，亦即乩之初字也。按：屈萬里《尚書異文彙錄》56頁引〈盤庚〉「不其或稽」，內野本、敦煌本並作「弗元或乩」。

〈高宗肜日〉　王云：此篇〈書序〉以謂「高宗祭成湯」，其說全非。⋯⋯今更以龜甲文「王賓—肜日」考之；王賓肜日，即爲祭王賓之日，則高宗肜日，亦爲高宗之子祭高宗之日也。故此篇先儒皆以爲武丁時文，獨金仁山（履祥）《尚書表注》云：「祖庚時文」，其說是也。按：說詳《觀堂集林》卷一〈高宗肜日說〉。卜辭常例爲「時王賓某先王肜日」。

〈高宗肜日〉「祖己曰」　王云：祖己一人，先儒聚說紛紜，疑即孝己也。⋯⋯龜甲文中有祖丁下連父己父庚一條，可見己與庚，皆爲武丁之子，蓋無可疑。武乙稱之，則爲父己父庚；武乙之子稱之，則云祖己祖庚也。

〈無逸〉「其在高宗時」　王云：高宗，武丁也。中宗，太戊也。今古文家皆如此說；但以龜甲文字考之，則中宗爲祖乙。按：詳參《觀堂集林》卷九〈殷卜辭中所見先公先王續考〉。

2. **由金文證《尚書》。**

〈盤庚〉上「恪謹天命」　王云：此當作：「勞勤大命」；「勞勤大命」，古之成語，金文中屢見不尠：凡一見於〈單伯鐘〉，再見於〈毛公鐘〉，三見於《禮記》〈祭義〉所引衛〈孔悝鼎〉銘云：「對揚以辟之勤大命施於烝彝鼎」，皆

可爲證。蓋古文勤，見於金文者作董，如〈毛公鼎〉，故訛作謹耳。

〈盤庚〉上「至於婚友」　王云：〈孔傳〉：「僚友」是也。古者同僚爲友，金文中有「太史友」「內史友」等可證。

〈盤庚〉中「汝有戕則在乃心」　王云：則，當作賊，蓋古賊字作䟶。文相似而誤也。然此文疑有脫落；今按〈散氏盤〉有語與此文極相似。其文云：「予有散氏心賊，則爰千罰千」。

〈牧誓〉「卿士」　王云：彝器中每作「卿事」，義同，蓋士本訓事也。其位在大夫司徒上。

〈金縢〉「敷佑四方」　王云：敷佑，其義實同敷有。〈盂鼎〉：「匍有四方」，與此正同。

3. 由金文和文獻互較證《尙書》。

〈堯典〉「粵若稽古帝堯」　王云：朱子以粵若爲語助辭，引〈召誥〉「粵若來三月」爲證，說是。然證據猶不止此。〈盂鼎〉「粵若翌乙亥」，《漢書》〈歷律志〉引佚〈武成〉「粵若來二月」，《漢書》〈王莽傳〉「粵若翌辛丑」，皆可爲證。按：蔡沈《書集傳》亦曰：「曰、粵、越通，⋯⋯曰若者，發語辭。」

〈牧誓〉「師氏」　王云：師氏實掌軍旅之官。《詩》〈雲漢〉毛傳：「師氏弛其兵」，可以爲證。又彝器中有〈彔卣〉者有云：「王命之以成周師氏，戍於口阜」，亦可證師氏實掌軍旅之官也。

〈大誥〉「寧王遺我大寶龜」　王云：寧王，即文王也。〈君奭〉：「昔在上帝割申勸寧王之德」，《禮記》〈緇衣〉引作「周田觀文王之德」，可證。蓋寧字古文作 （如〈毛

公鼎〉），而文字古文作 ✿（金文中屢見），字形極近，故
易誤也。按：說首見吳大澂《字說》中。

〈梓材〉「作兄弟方來」　王云：方，國也。《易》：「不
寧方來」，言不寧之國亦來也。金文中「不庭方」，言不庭
之國也。此云「兄弟方」，猶言兄弟之國也。按：殷卜辭中
的方已用爲外邦的泛稱。

〈洛誥〉「王命作冊逸祝冊」　王云：作冊其爵，逸其名，
命作冊之名逸者讀冊也。《書序》有「作冊畢」之語，文法
與此正同；又金文中作冊字屢見，不可勝記，而〈吳尊〉有
「作冊尹」之文。蓋作冊之官，即內史之一；而內史之長，
則稱內史尹氏也。

〈多方〉「惟爾殷侯尹民」　王云：尹民，或是尹氏之說，
《尚書》及金文中，多見尹氏，未有稱尹民者。按：卜辭中
已有多尹、右尹、三尹、小尹等官稱。

〈多方〉「越惟有胥伯小大多正」　王云：胥伯，《尚書大
傳》作胥賦，〈毛公鼎〉云：「藝小大楚賦」，楚古同胥。

4. 由古文字互較證《尚書》。

〈堯典〉「日昧谷」　王先生申論𨙻、𨚻不分：柳亦從𨚻，
不盡從𨙻。石鼓文作𣍹、〈散氏盤〉作𣎳，皆其明證。

〈盤庚〉上「汝猷黜乃心」　王云：乃、尒、汝同訓。後世
乃通迺，古金文中則語助辭作迺，乃汝作乃；劃然分明，不
相混淆。

〈盤庚〉中「具乃貝玉」　王云：古時貝幣，以繩貫之；十
貝爲一貫，即所謂「一朋」是也。鄭康成注「錫我百朋」云：
「五貝爲朋」，《漢書》〈食貨志〉云：「二貝爲朋」，其

實二說皆未確，十貝爲朋也。朋字古文作**朋**，像十貝相貫也，此學玨字古文作**玨**同義。按：說詳《觀堂集林》卷三〈說玨朋〉。

5. **由實物證《尚書》。**

〈顧命〉「赤刀」　王云：赤刀，玉刀也。端午橋藏有赤刀數柄，蓋玉刀而上涂以赤者。內府亦藏有赤刀，高宗純皇帝詩集屢言之。

6. **由《說文》證《尚書》。**

〈盤庚〉上「相時憸民」　王云：《說文》愍 字下引《書》云「相時愍民」，此古文《尙書》也。今文《尙書》、漢石經作「相汝散民」。愍，今人讀爲憸，非也。蓋愍，從心，從冊省聲；與散音相近。憸，《說文》：「疾利口也」。

〈牧誓〉「牧」　王云：孔壁古文作坶，見《說文》所引。按：敦煌本作梅、內野本作 坶。

〈牧誓〉「如虎如貔」　王云：今文《尙書》作「如虎如離」。………《說文》：「离，猛獸也。歐陽喬說。」歐陽喬即傳今文《尙書》之歐陽高也。

7. **由《爾雅》、《方言》、《廣雅》等字書證《尚書》。**

〈康誥〉「乃洪大誥治」　王云：《爾雅》：「鴻，大也。」鴻通洪，洪亦大也。

〈多士〉「保乂有殷」　王云：《爾雅》：「艾，養也。」艾通乂；保乂，亦保養也。

〈無逸〉「乃非民攸訓，非天攸若」　王云：「攸訓」「攸若」二攸字，三體石經皆作所字，是也。《爾雅》雖有「攸，所也」之訓；然《尙書》攸字皆當訓用，而惟此二句則當訓

所。

〈高宗肜日〉「無豐於昵」　王云：昵同尼，其誼爲近。郭
璞注《爾雅》引《尸子》云：「悅尼而來遠」，即《論語》
近悅遠來之意也；可以爲證。按：敦煌本亦作尼。

〈牧誓〉「逖矣」　王云：郭氏《爾雅》注引作「遏矣」，
義皆同遠。

〈康誥〉「乃由裕民」　王云：《方言》：「猷裕，道也」。

〈洪範〉「農用八政」　王云：《廣雅》：「農，勉」。

8. 由音韻證《尚書》。

〈堯典〉「庶績咸熙」　王云：熙，光也。光與廣同，故此
熙當訓廣。但《史記》引鄭玄注：「熙，興也」。熙興聲相
近，興在蒸韻，熙在之韻，此爲蒸之對轉韻。

〈盤庚〉下「震動萬民」　王云：今文《尙書》作「祇動」。
祇與震聲相近；此爲之蒸陰陽對轉字。

〈盤庚〉下「沖人」　王云：即童人，意謂童子。沖、童聲
相近。

〈盤庚〉下「嘉績於朕邦」　王云：漢石經連上句作「凶德
綏績」，綏與嘉，聲相近，古韻同在十七部。

〈酒誥〉「勿辯乃司民湎於酒」　王云：辯，又通平。故「
辯章百姓」亦作「平章百姓」。平、苹、伻、俾，輾轉互通。
故辯，古書皆作使解。

〈金縢〉「惟予沖人弗及知」王云：沖爲童之借，足見古韻
東多不分。

〈呂刑〉「制以刑」　王云：制，古通折。

〈呂刑〉「鰥寡無蓋」　王云：蓋，猶害也。

〈費誓〉「我商賚汝」 王云：商爲賞之借字。

9. 由上下文互證《尚書》。

〈堯典〉「辨章百姓」 王云：古書中無姓字，而姓氏之制，至周始成，且皆女人用之，惟金文中多生字，此「百姓」亦當作「百生」。「百生」者，百官也。此與下文「黎民於變時雍」，「百生」「黎民」對文。

〈盤庚〉上「動用非德」 王云：與上文「動用非罰」語相應對。罰，刑罰；德，德澤。蓋即刑賞。

〈康誥〉「天畏棐忱」 王云：猶言天威不可常也。棐，同匪；忱，信也。棐忱，言不可信也。與下文「難保」意正一致。

〈酒誥〉「汝劼毖殷獻臣」 王云：上文云：「厥誥毖庶邦庶士」，則劼字蓋與誥同義。又下文云：「汝典聽朕毖」，上文云：「其爾典聽朕教」，則毖字之義，蓋近於教。劼毖，當爲誥教之意。

〈洛誥〉「王如弗敢及」 王云：弗敢及，猶言弗敢弗及也。與下文「不敢不敬天之休」語正相對。

〈君奭〉「小子同未在位」 王云：先儒謂指成王，然上文稱「余小子旦」，則此小子，或亦周公自稱。

〈秦誓〉「我尙有之」 王云：有讀爲友，聲之借也。下文「我皇多有之」之有與此同。

10. 由前後篇章互較證《尚書》。

〈多士〉「罔非有辭于罰」 王云：言無不有可數之罪。〈呂刑〉云：「苗民無辭于罰」與此文正相反。此言罰人者，有辭可聲討；彼言罰者，無辭可辭罪也。

〈多士〉「予大降爾四國民命」 王云：〈酒誥〉以「天降命」「天降威」並言，則「天降命」乃天降福也。則此所云「予大降爾四國民命」者，乃猶言予福於爾四國之民也。

〈無逸〉「用咸和萬民」 王云：咸和，當作諴和。〈召誥〉：「其丕能諴於小民」。諴，亦和也。

〈無逸〉「茲四人迪哲」 王云：迪古作迶，故迪哲亦當作由哲。如〈君奭〉所云：「爽邦由哲」是也。迪，迶皆當訓用也。按：詳參《觀堂集林》卷六〈釋由〉。

〈君奭〉「天不庸釋於文王受命」 王云：〈多方〉云：「非天庸釋有夏，非天庸釋有殷」，與此「天不庸釋於文王受命」，文法正同，庸釋二字蓋連文，意言舍去也。又〈梓材〉云：「用懌先王受命」，用懌與庸釋，疑不無有相通關涉。

〈君奭〉「厥亂明我新造邦」 王云：古今文中亂與率皆無別，此厥亂， 亦厥率也。又〈梓材〉「王啓監厥亂爲民」之厥亂，亦厥率也。

〈君奭〉「篤棐時二人」 王云：〈洛誥〉：「汝受命篤弼」、篤棐、篤弼，義本同，音亦近。

〈多方〉「以至於帝乙」 王云：以〈孔傳〉所言推之，帝乙下應有「成王畏相」四字。〈酒誥〉云：「自成湯、咸，至於帝乙，成王畏王」，與此正同。然三體石經亦無此四字。

〈多方〉「大淫圖天之命屑有辭」 王云：〈多士〉云「大淫佚有辭」，此云「大淫圖天之命屑有辭」。屑，即佚也。〈多士〉之佚，《釋文》云：「馬本佚作屑」，可證。┉┉此圖天之命四字，疑衍文也。

11.**由三體石經互證《尚書》。**

〈盤庚〉中「保后胥慼」　王云：今文《尚書》漢石經作「胥高」，按三體石經作「保后胥🔲」考三體石經京字作🔲，則🔲字爲高字無疑。」

〈多士〉「朕不敢有後，無我怨，惟爾知惟爾先人有冊有典，殷革夏命」　王云：三體石經作「朕不敢後，王曰；猷告爾多士，無我怨，惟爾知，惟殷先人有典有冊，殷革夏命」，與此差甚遠。

〈無逸〉「繼自今嗣王」　王云：三體石經作「繼自今後嗣王」，多一後字，是也。〈酒誥〉〈多士〉，皆有「後嗣王」之文，是「後嗣王」三字本是連文也。

〈無逸〉「否則厥心違怨，否則厥口詛祝」　王云：此二句三體石經作「不則用厥心韋怨，不則用厥口詛祝」。不則，亦即丕則，又多二用字。

〈無逸〉「允若是」　王云：三體石經作「兄若時」；兄，亦況也。漢石經作允，允與兄，形近而易誤。

〈君奭〉「不知命不易天應棐諶」　王云：《漢書》〈王莽傳〉引「命不易，天難忱」。此今文《尚書》也。三體石經亦作「命不易，天難忱」。此今古《尚書》文相同處。

〈君奭〉「我道惟寧王德延」　王云：三體石經及馬融本，道皆作迪。

〈君奭〉「故一人有事于四方」　王云：三體石經無有字。又王褒〈四子講德論〉引作「迪一人使四方」。王褒所引，蓋亦今文《尚書》，使，即事也，亦無有字。

12.由漢石經證《尚書》。

〈盤庚〉中「不其或稽自怒曷瘳」　王云：漢石經作「不其

或迪，自怨曷瘳」。所以作迪者今不可知，作自怨是也。

〈無逸〉「則皇自敬德」　王云：漢石經作「則兄自敬德」。兄，況字也。況，茲也，蓋也，言益自敬德也。

13.由古文《尚書》證。

〈盤庚〉下「今予其敷心，優賢揚歷，告爾百姓於朕志」王云：古文《尚書》作「今予其敷布心腹腎腸，歷告爾於百姓於朕志」，是也。蓋優賢揚三字，即腹腎腸三字之誤也。

〈無逸〉「其在祖甲」　王云：此二節次序，今古文大相逕庭。………是今文《尚書》當無祖甲而有太宗。古文《尚書》則如今本三體石經有下文「殷王中宗及高宗及祖甲」一段，則可反證此段次序，亦當無太宗而有祖甲。

14.由今文《尚書》證。

〈洪範〉「思曰睿」　王云：今文《尚書》作「思心曰容」。

〈洪範〉「五口來備」　王云：今文《尚書》「五是來備」，漢人亦有作「五氏來備」者。

〈大誥〉「民獻有十夫」　王云：獻，今文《尚書》作儀，陰陽對轉字也。

〈無逸〉「無皇曰」　王云：皇，當訓況。下文「則皇自敬德」，今文《尚書》作「則況自敬德」，即其證也。

〈君奭〉「其終出於不祥」　王云：三體石經終作崇，馬融本亦作崇。………今文《尚書》則又大異於是：漢石經作「道出於不祥」。

〈君奭〉「格於皇天」　王云：古文《尚書》皆作格，而今文《尚書》皆作假。又《方言》「徦，至也」，《說文》無徦字，而有徦字，亦訓為「至」。蓋格、假、徦、徦，四字

同一義也。

15.**由唐寫本《尚書》證。**

〈大誥〉「嗚呼肆哉爾庶邦君」　王云：山井鼎〈七經孟子考文〉引日本唐寫本《尙書》作「嗚呼！肆告我爾邦君」。

〈多方〉「大淫圖天之命屑有辭」　王云：〈多士〉云「大淫佚有辭」屑，即佚也。………凡《書經》佚、逸字，日本隸古定唐寫本《尙書》未經天寶改字者，皆作伇；伇，即屑也。《說文》無伇字。伇、屑本一字也。從人從尸一也。

16.**由文獻互較證《尚書》。**

王先生博採古籍以考訂《尙書》的文句和內容，徵引的文獻除群經以外，還包括《老子》、《莊子》、《荀子》、《淮南子》、《漢書》、《後漢書》、《文選》、《逸周書》、《夏小正》、《史記》，與及各家傳箋、敦煌寫本等。

〈盤庚〉中「暫遇姦宄」　王云：暫，即「民興胥漸」之漸，欺詐也。遇，邪也。《經義述聞》引《莊子》〈胠篋篇〉知、詐、漸、毒四字並列，可以爲證。又《荀子》〈不苟篇〉：「小人知，則攫盜而漸」，又〈議兵篇〉：「招近募選，隆勢詐而尙功利，是漸之也」。又〈正論篇〉：「出幽陰而下漸詐矣」。是皆以漸爲詐之證。遇字之訓，《淮南子》〈原道訓〉：「偶睫智故」，又〈本經〉：「衣無隅差之制」。隅差，即偶睫，皆不正也。故偶字當訓邪，因偶遇爲古今字也。又《詩》云：「寇竊姦宄」，四字並列，與此云「暫遇姦宄」，文法正同。

〈盤庚〉中「無遺育」　王云：育，即胄字。〈堯典〉云：「教胄子」，《史記》〈五帝紀〉引作「教育子」。………胄、

育，聲近故通用。無遺育，猶言無遺類也。

〈牧誓〉「勗哉夫子」　王云：勗，當讀冒。蓋勗字本作勖，從力冒聲。……漢時尙讀爲冒。燉煌石室近發現一〈王莽詔書〉，中有云：「可不冒哉」，可證。

〈洪範〉「無虐煢獨而畏高明」　王云：高明，猶言顯赫，《老子》云：「高明之家，鬼瞰其室」，意亦指顯達之家也。

〈金縢〉「是有丕子之責于天」　王云：此古文也，今文作「負子之責」，《史記》引《書》同「負子」、《公羊》作「負茲」，其實此當作不慈。春秋時有宋公名丕慈，即不慈也。

〈康誥〉「要囚」　王云：要囚，即幽囚。要、幽音同相通。《詩》「四月莠葽」，〈夏小正〉作「四月秀幽」。又〈多方〉云「要囚殄戮多罪，亦克用勸」，又云「我惟時其戰要囚之」，皆可爲證。

〈多方〉「王來自奄」　王云：奄，即《史記》所云「魯淹中」之淹，亦即《左傳》所云「及武王克商，蒲姑、商、奄，吾東土也」之奄。

17.由異文互較證《尚書》。

〈康誥〉「勿庸以次汝封」　王云：《荀子》引以作即。按：漢石經殘字的汝作女。內野本庸作用。

〈大誥〉「弗造哲迪民康」　王云：造，《漢書》作遭。

〈大誥〉「天明畏」　王云：《漢書》作天明威，古文眞本也。

〈盤庚〉上「其如台」　王云：如台，猶今言奈何。《史記》引《書》皆改作奈何，即其證也。

〈梓材〉「厥亂爲民」 王云：王充《論衡》引作「厥率化民」。

〈顧命〉「王乃洮頮水」 王云：洮，即濯。《周禮》洮，故書作濯，可證。按：《漢書》〈律曆志〉引頮作沬。

18.由板本互較證《尚書》。

〈堯典〉「寅餞日入」 王云：餞，古文本常作淺，馬融作踐解，於義稍近。

〈堯典〉「帝曰我其試哉」 王云：馬融、鄭玄、王肅等古文本，皆無「帝曰」二字；惟《論衡》《史記》所引今文本，有「堯曰」「帝曰」等字。

〈盤庚〉上「相時憸民」 王云：《說文》愻字下引《書》云「相時愻民」，此古文《尚書》也。……燉煌石室古寫本《尚書》作「愻民」。按：敦煌本作愻。漢石經殘字作散。

〈盤庚〉上「各恭爾事」 王云：此恭字當作共，或作龔。作恭者，唐衛包所改也。燉煌石室本皆作共，可證。按：內野本作龔。

〈多方〉「不克終日勸於帝之迪」 王云：迪，馬融本作攸。攸，古文作逌。古迪逌一字。從由從卣，古皆互通也。

19.由箋注的優劣分析《尚書》。

〈盤庚〉中「誕告有眾」 王云：〈孔傳〉作「誕告有眾其有眾」爲句，非也；〈蔡傳〉至眾斷句，是。

〈君奭〉「其終出於不祥」 王云：三體石經終作崇，馬融本亦作崇。馬氏云：「崇，充也」，非也。《詩》「崇朝其雨」「曾不崇朝」，〈毛傳〉皆云：「崇，終也」，蓋此本作崇，崇本當訓終，〈僞孔傳〉以訓詁易經文也。

20.**由古今字、古今語、正俗字證《尚書》。**

〈盤庚〉中「暫遇姦宄」　王云：遇字當訓邪，因偶遇爲古今字也。

〈金縢〉「王翼日乃瘳」　王云：翼，當作翌，本字作昱，此唐人所改。按：參《觀堂集林》卷六〈釋昱〉。

〈洪範〉「洪範九疇」　王云：以今語通之，大法九章也。按：《史記》〈宋世家〉引「洪範九等」。

〈盤庚〉中「予迓續乃命」　王云：迓，當作御；今作迓，亦唐人所改也。………古書中無作迓者，惟《儀禮》《公羊》曾假作訝，而亦無迓字。迓，俗字也。按：敦煌本作卸。

21.**由成語證《尚書》。**

〈盤庚〉上「汝無侮老成人」　王云：古文《尚書》作「汝無老侮成人」是也。今文《尚書》漢石經作「女母翕侮成人」。「侮成人」三字，今古文皆連，蓋古之成語然也。淺人習見老成人字，此遂臆改之耳。按：參《觀堂集林》卷二〈與友人論詩書中成語書〉。

〈洪範〉「我聞在昔」　王云：「在昔」連文，古之成語。

〈酒誥〉「越百姓里居」　王云：〈史頌敦〉：「里君百生，帥　鼇於成周，休有成事」。「里君百生」，恐爲古之成語。或即用《尚書》之語，亦未可知？則此「里居」，或當作「里君」？

〈多士〉「猷告爾多士」　王云：〈蔡傳〉以猷爲句，非也。「猷告」古成語。

〈多方〉「非我有周秉德不康寧」　王云：秉德，亦古之成語。

〈大誥〉「籹寧武圖功」　王云：圖功二字成語，下「寧人圖功」同。

〈秦誓〉「俾君子易辭」　王云：辭古作𧄼。从台。以同聲假爲怠。易怠二字古成語，多連用。

22.由斷句的取捨明《尚書》。

〈堯典〉「粵若稽古帝堯」　王云：漢儒以「粵若稽古」爲句，馬融云：「順考古道」，鄭君云：「稽古同天」。其實當作「粵若稽古帝堯」。朱子即作如此句讀，是也。

〈牧誓〉「嗟我友邦冢君御事」　王云：此當連作一句讀，下文如〈大誥〉書屢有「冢君御事」連舉之文，可證。

〈康誥〉「汝陳時臬司」　王云：〈孔傳〉作「汝陳時臬」，斷句，非也。臬司二字連文，猶下文言臬事。

〈洛誥〉「王命作冊逸祝冊」　王云：先儒以「王命作冊」爲句，「逸祝冊」爲句，以謂「王命作爲祝冊，而史逸讀之」，非也。當作「作冊逸祝冊」爲句，作冊其爵，逸其名，命作冊之名逸者讀冊也。

〈多士〉「猷告爾多士」　王云：〈蔡傳〉以猷爲句，非也。「猷告」古成語。

〈君奭〉「則商實」　王云：則商實，〈蔡傳〉至實字斷句，〈孔傳〉作「商實百姓」爲句，〈蔡傳〉爲長。

〈顧命〉「命作冊，度」　王云：作冊，官名。度，事先預度。命作冊度，猶言命作冊預備一切也。後人以冊度連文，非也。

〈呂刑〉「罔有馨香德發聞惟腥」　王云：聞字句絕。

23.徵引近儒論說證《尚書》。

〈堯典〉「瞽子」　王云：《史記》〈五帝紀〉以謂盲瞍子，汪容甫考瞽為古時官名，其說是。《國語》「虞幕能聽協風」，恐虞舜之祖先，世為樂官也。《呂覽》謂「堯時瞽瞍拌五弦之琴，作以十五弦之瑟，命之曰大章」，此亦瞽瞍為樂官之證。

〈酒誥〉「我西土棐徂」　王云：棐徂，通匪且。……孫仲容說：「匪且，猶言非自今始」，是也。

〈堯典〉「宅南交」　王云：王伯申據《尚書大傳》：夏祀大交。秋祀柳穀。冬祀幽都之語。謂此經當是宅某某曰南交，其說甚是。

〈盤庚〉中「暫遇姦宄」　王云：王伯申引《莊子》《荀子》《淮南》諸書，證暫遇與姦宄為平列字，極佳。本經民興胥漸亦一證也。

〈大誥〉「越予小子考翼」　王云：考翼，孫仲容釋為父兄是也。此者指管蔡三叔而言。

〈康誥〉「不汝瑕殄」　王云：孫仲容引《詩》不殄不瑕，及《左傳》不汝瑕疵也，解此文極塙。

24.據《尚書》考證古史。

〈堯典〉「嬀」　王云：今在山西。先儒傳說：「堯都平陽，舜都蒲坂，禹都安邑」。此甚可疑。堯舜以前之君，如神農、黃帝、太皞、帝嚳，皆在東方。堯舜以後之君，如夏桀時之太京即今定陶，亦在山東。又如堯葬於成陽，成陽近今之濟南。又《孟子》云：「舜，東夷之人也」。又昔人所言虞邑，約在今河南歸德府一帶；是堯、舜亦居於東方。

〈牧誓〉「微廬彭濮」　王云：微字向無確解，亦不知其地

在何處，今始知在陝西鳳翔府，大散關一帶。何以知之？〈散氏盤〉有䍫字，蓋即眉字。因〈冀敦〉有𧤛字即爲眉字，故〈散盤〉之䍫，亦必爲眉字可知。古者眉微聲同，故每通用，如《春秋左氏傳》「作郿」，《公》《穀》傳「作微」；又眉壽字，古亦有稱微壽，《儀禮》《釋文》「眉古作微」，又《爾雅》湄，一本作溦，皆可以通用之證。故〈散盤〉之眉，即微也。〈散盤〉出於陝西鳳翔府間，則古時之微，亦當在是間矣。按：說詳《觀堂集林》卷十八〈散氏盤跋〉。

〈洪範〉「惟十有三祀」　王云：古時紀年之文，亦不一致。此云：「惟十有三祀」，〈金縢〉云：「既克商二年」，其實武王於十一年克商，〈洪範〉、〈金縢〉同在一年也。又古人云：「夏曰歲，殷曰祀，周曰年」，說亦不確，不獨商稱祀，周初亦稱祀，彝器中亦屢見之，與此文皆可爲證。十有三祀，從文王受命之年起也。

〈洛誥〉「惟七年」　王云：古人記時法，日在前，月次之，年在後，《書》〈洛誥〉及彝器中之〈戊辰彝〉、〈丁未角〉，文法皆同。又〈舨尊〉有云：「惟王來正人方，唯王廿有有五祀」，此蓋以事紀年也，《左傳》中猶間有此法。

〈顧命〉「哉生魄」　王云：先儒以哉生魄爲月之三日，然疑哉生魄乃爲三日以後之通名，故不係干支。因既爲通稱，故不能係干支也。下云甲子，爲哉生魄之第一日。按：說詳《觀堂集林》卷一〈生霸死霸考〉。

〈顧命〉「王崩」　王云：馬融本作「成王崩」，又〈酒誥〉：「王若曰」，馬融本作「成王若曰」。故先儒謂成王生時，已稱成王，其說亦是。蓋是時謚法尙未成立。彝器中有〈遹

敦〉，記穆王事，而文中稱穆王，與此正同。

〈顧命〉「王三宿三祭三咤上宗曰饗」　王云：王三宿三祭三咤，〈孔傳〉及鄭康成注皆云：「康王祭神」，其實非也。此蓋太保進酒於康王也。古者，王者分封諸侯，必饗之以酒，此時太保代表成王以君位授康王，故亦用王者授爵位於臣下之禮；故下文云：「上宗曰饗」，謂上宗命康王饗也。

〈顧命〉「王出在應門之內」　王云：天子有三門：路寢之門曰畢門，其外曰應門，再外曰皋門；後鄭康成以爲有五門，又益之以雉門、庫門，不知雉門庫門，乃魯國之門。故《禮記》〈明堂位〉云：「雉門天子應門，庫門天子皋」。實一門而異名，則天子仍僅有三門也。按：說參《觀堂集林》卷三〈明堂廟寢通考〉。

〈微子〉　王云：殷末制度異於前時，行父死子繼之制，且有嫡庶之分。按：說詳《觀堂集林》卷十〈殷周制度論〉。

〈西伯戡黎〉　王云：殷周諸侯多稱王，是同時稱侯伯亦兼王號也。

25.就《尚書》文詞提出新解。

〈盤庚〉下「尙皆隱哉」　王云：《說文》序：「隱括有條理」；然此隱字不必作隱括解，當訓爲痛；痛之爲言憂愁苦痛之謂。

〈洪範〉「鯀則殛死」　王云：殛，古書皆作極。極，誅也。誅不必殺，凡放伐等皆可言誅。

〈酒誥〉「乃穆考文王」　王云：先儒說：「王季爲昭，文王爲穆；其後武王爲昭，成王爲穆，故云穆考」。其實非也。周初恐無昭穆之制；穆考，恐當爲美稱也。

〈洛誥〉「我二人共貞」　王云：貞，古通鼎；鼎，古通當。共貞，猶言共當。共當，共當之也。

〈洛誥〉「亦未克敉公功」　王云：敉，先儒皆訓爲輔，誼不可通。敉與彌，音同而通。彌，終也。敉之誼，亦當爲終。又〈大誥〉「敉文武圖功」，又〈立政〉「亦越武王，率惟敉功」，亦皆當訓終。

〈洛誥〉「亂爲四方新辟」　王云：辭，嗣之誤。凡《書》中語助詞之亂，皆嗣字也。

〈無逸〉「則知小人之依」　王云：依，隱也；隱痛也。

〈君奭〉「冒聞於上帝」　王云：冒，當作勖。勖，勉也，後衍爲勗。

〈君奭〉「前人敷乃心」　王云：此等處，乃字或係厥字之誤，乃與厥字形極相近。「前人敷乃心」，乃作汝解，不可通也。按：金文乃、厥字近。

〈君奭〉「襄我二人」　王云：此二人，當然指周、召二人；〈孔傳〉乃指文王、武王，非也。

〈顧命〉　王云：鄭君此文所注之位置，幾於全誤；其根本誤點，蓋由以謂成王即殯於是堂，此其所以無一不誤也。此蓋純爲康王即位之吉禮，成王之殯，自在別宮也。

〈康誥〉「乃服惟弘王應保殷民亦惟助王宅天命作新民」
王云：乃服，服訓事。言汝之職事也。以冒下文三事，弘王應保殷民一事也，助王宅天命二事也，助王作新民三事也。

〈酒誥〉「不腆於酒」　王云：腆疑爲湎之譌。

〈呂刑〉「爰始淫爲劓刵椓黥」　王云：劓刵爲劓刖之誤。

〈呂刑〉「民興胥漸」　王云：漸亦欺也。上經〈康誥〉云

暫遇姦宄,漸暫古通。

26.**闕如**。

〈堯典〉「囂訟可乎」 王云:〈堯典〉文中有乎、哉等語助辭,此亦疑問。古書中不見此等字,此等字至《四書》始多用之。《詩經》則以韻文須協韻,故或間用。其他散文,此等虛字極少。後儒於此約有二說:一說古有此等字,後因書於竹帛不便,故省去之;一說無此等字,後人所加。今亦未能遽加判斷。

〈堯典〉「靜言庸回象共滔天」 王云:此事不能深考。以〈天問〉考之:「康回憑怒,地何以故東南傾?」似指共工觸不周之山事;康回或即庸回之誤,然〈詛楚文〉云:「今楚王熊相康回無道」,似康回又未嘗誤,且不似人名。此事不能深考。

〈牧誓〉「不迪」 王云:迪,《史記》引作用,迪本同由,不知因何由又變而為用也。

〈盤庚〉中「汝分猷念以相從」 王云:不解。

〈盤庚〉中「各設中於乃心」 王云:設中不解。

〈盤庚〉下「弔由靈」 王云:三字不解。

〈盤庚〉下「鞠人謀人之保居」 王云:此語不解。

〈康誥〉「紹聞衣德言」 王云:未解。

〈康誥〉「若德裕乃身」 王云:未解。

〈康誥〉「不率大戛」 王云:大戛不解。〈孔傳〉訓戛為常,不知何以然。

〈康誥〉「乃別播敷」 王云:不解。

〈康誥〉「勿用非謀非尋蔽時忱」 王云:蔽時忱三字未詳。

〈洪範〉「時人斯其惟皇之極」　王云：此句不能解釋。

〈洪範〉「汝弗能使有好于而家時人斯其辜」　王云：此語不能解釋。

〈洪範〉「惟辟玉食」　王云：玉食二字不能知道。

〈高宗肜日〉「典祀義」　王云：不解。

〈酒誥〉「越小大德小子惟一」　王云：不解。

〈酒誥〉「自洗腆致用酒」　王云：洗腆古連綿字，眞義不知。

〈酒誥〉「爾大克羞耇惟君」　王云：未解。

〈酒誥〉「在今後嗣王酣身」　王云：酣身未詳。

〈酒誥〉「厥命罔顯于民原出無祇保越怨不易」　王云：未解。

〈呂刑〉「天齊於民俾我一日」　王云：二語不解。

〈多方〉「至於百爲大不克開」　王云：全句不解。

27.脫文譌字。

〈酒誥〉「厥命罔顯於祇」　王云：〈多方〉：「誕淫厥逸，罔顧於天顯民祇」，與此一段皆疑有脫文譌字，不可強通。〈孔傳〉強爲之說，非也。

〈梓材〉「自古王若茲監」　王云：若茲監上無所承，爲上方有脫文之證。

〈君奭〉「則商實」　王云：蔡沈〈集傳〉至實字斷句，是也。較〈孔傳〉以商實百姓爲句差長。然此處終疑有脫文。

〈立政〉「惟有司之牧夫」　王云：牧夫下有脫文。

總結以上王先生研治《尚書》的方法，多以排比互較的方式串連問題，以至解決問題。其重點有七：一、就原材料爲根本，「以

經證經」。根據《尚書》本文的前後篇章、上下文句、各種板本和異文進行互較。二、充份掌握治學的工具破材料。包括運用古文字、古音韻、古文獻及《說文》等字書進行互證。三、由語音、文字演變的縱線了解材料。藉古今字、古今語、正俗字、古今成語進行分析。四、由脫文、譌字、斷句等客觀條例理解文意。五、以近儒的研究成果爲旁證，並附己說，以開新意。六、利用研究《尚書》的成果批判箋注，並藉以考證古史。七、充份應用闕如、存疑的客觀慎思精神。

第六章　悲情與哲思

——王國維《人間詞》選評

　　王國維先生是中國近代最有才氣的學者，他的《人間詞》大多完成於清末光緒三十一年迄宣統二年（1905—1910）間。王先生對於他所填的詞評價甚高，自認爲當世一人而已。他在〈自序〉中曾說：「近年嗜好之移於文學，亦有由焉，則填詞之成功是也。余之於詞，雖所作尚不及百闋，然自南宋以後，除一二人外，尚未有能及余者，則平日之所自信也。雖比之五代北宋之大詞人，余愧有所不如，然此等詞人，亦未始無不及余之處。王先生復在《人間詞話》中說：「余自謂才不若古人，但於力爭第一義處，古人亦不如我用意耳。」細讀《人間詞》，王先生自信前人「不及余之處」的「用意」實有二項：

一、悲情

　　詞自五代以降，多有深情眞情的佳作，或寫個人的失意，或訴家國的興亡，皆能感動讀者於一時，但卒不能成爲千古不朽的作品，以其情感仍有限制。深情的作品往往爲突出某種感覺的深度描述，因此忽略了廣度意象的傳遞；意即缺少提供讀者更多的聯想空間。這些作品只能對某些有同感的人產生直接的共鳴，卻不容易勾起普羅衆生的共通情感。兼具深而廣之情的作品，僅李煜、蘇軾等極少數大詞人偶能爲之。情深，因用情專一而產生永

恆的執著，故能傳誦千古；情廣，以智慧統馭知識，情感的感染遂如月印萬川，故感動世人也愈多。因此，情深而廣的作品，必具永恆性和普遍性的價值。

古今詞家傾全力寫情者眾，其中獨鍾於悲情者，唯王國維一人。王詞情深而廣，尤為千古不可多得之作。王先生的悲情，非源自個人狹窄的悲觀性格，而是發自一不忍眾生疾苦的憐憫心腸。佛家稱之為慈悲。這份入世的慈悲驅使王先生用生命來擁抱其國家、民族和文化，並主動的承擔整個人類的痛苦。然而，敏感的詩人在面對大自然及歷史中種種悲劇的同時，深深體會到人生的虛幻無常與眾生永恆的失落。紅塵中的無情和險詐，復一再傷害詩人純眞的心靈。他愈堅持執著這份慈悲，心靈便愈覺痛苦。這種悲天憫人的情懷，遂成就了王國維詞中特殊的風格，亦註定了他一生抑鬱的個性。

王詞要表達的，不只是一時一地一己的感動，而是古往今來天下可憐人共同的悲苦。如：㈠、對人間世關懷的痛苦。例：〈蝶戀花〉：「薄晚西風吹雨到，明朝又是傷流潦。」詩人因雨後積水而為萬千行人傷神，其感情眞純如此。㈡、執著的痛苦。例：〈採桑子〉：「睡也還醒，醉也還醒，忽聽孤鴻三兩聲。」無論是夢中或求醉，詩人都覺得無法跳出苦思量的愁緒。孤獨將成為無根人生的永恆特徵。㈢、人事不可為的痛苦。例：〈浣溪沙〉：「昨夜新看北固山，今朝又上廣陵船，金焦在眼苦難攀。」由大自然的重重無止境帶出對人力不能勉強的蒼涼。㈣、現實浮生虛幻的痛苦。例：〈虞美人〉：「不須辛苦問虧成，一霎尊前了了見浮生。」詩人點出在現實人生中追求虛名的無意義。㈤、人生失意的痛苦。例：〈浣溪沙〉：「掩卷平生有百端，飽更憂患轉

冥頑。」極言一生深層的痛苦，無半點快意溫情。㈥、人事無奈的痛苦。例；〈好事近〉：「人間何苦又悲秋？正是傷春罷。」由四季的更替，反映生命的無靠、飄零。㈦、小人誹謗的痛苦。〈虞美人〉：「自來積毀骨能銷，何況眞紅，一點臂砂嬌。」詩人力寫世人的無知，泛道德標準的可鄙。㈧、莫名的淒涼。例：〈點絳唇〉：「厚地高天，側身頗覺平生左。」寫的是一生理想與世俗不能認同的失落。以上種種永恆的悲苦，使王先生形成一命定的消極人生觀，從而全面的否定人性的正面價值和意義。

二、哲思

　　王先生的詞多爲小令之作，他以極短小的言語，表達最深微的感慨。王詞的另一特色是情理交融。他擅長用比興的手法，以理性的態度分析人性，復多在句末以哲思歸結命定的悲劇人生。如：㈠、由四時的交替喻人生不能超脫的無奈。例：〈點絳唇〉：「乾坤大，霜林獨坐，紅葉紛紛墮。」㈡、由潮水的漲退喻人事的無常。例：〈蝶戀花〉：「說與江潮應不至，潮落潮生，幾換人間世。」㈢、由風絮的飄零喻人生的無根。例：〈採桑子〉：「人生只似風前絮，歡也零星，悲也零星。」㈣、由青山的可愛諷喻人生的醜陋。例：〈踏莎行〉；「朝朝含笑復合顰，人間相媚爭如許。」㈤、由燈火的熄滅喻人生的無憑靠。例：〈蝶戀花〉：「幾度燈花開又落，人間須信思量錯。」㈥、由夢中的豪情對比現實人生的無力。例：〈鷓鴣天〉；「更堪此夜西樓夢，摘得星辰滿袖行。」㈦、由蒼天的俯視眾生覺悟人生的命定。例：〈浣溪沙〉：「偶開天眼覷紅塵，可憐身是眼中人。」㈧、由命運的操控悲歡天人的無助。例：〈浣溪沙〉：「猛雨自隨汀雁落，濕

雲常與暮鴉寒。人天相對作愁顏。」詩人透過對種種客體的感發，歸納出人生的共性，同屬無奈、無常、無根、醜陋、無憑、無力、命定、無助等悲苦的過度。

王先生以哲學家的冷靜，細寫蒼涼的人生。其詞既具理性的求眞，亦兼感性的求美。這種以理性的態度，由簡馭繁，總括眾生現象的寫法，古今詞人中均屬罕見。此爲王詞的長處，亦爲王先生畢生矛盾和痛苦的所在。

以下，本人嘗試選錄《人間詞》中的二十首，根據悲情和哲思兩個層面來評述王詞語意背後的情感，希望能提供後人對王先生的文學作品有一更明確的評價。

目　錄

一、點線唇（厚地高天）

二、浣溪沙（掩卷平生有百端）

三、好事近（夜起倚危樓）

四、蝶戀花（陡覺宵來情緒惡）

五、蝶戀花（連嶺去天知幾尺）

六、蝶戀花（百尺朱樓臨大道）

七、蝶戀花（春到臨春花正嫵）

八、採桑子（高城鼓動蘭紅炖）

九、鷓鴣天（列炬歸來酒未醒）

十、浣溪沙（山寺微茫背夕曛）

十一、浣溪沙（昨夜新看北固山）

十二、蝶戀花（辛苦錢塘江上水）

十三、虞美人（犀比六博消長晝）

十四、虞美人（碧苔深鎖長門路）

十五、浣溪沙（六郡良家最少年）

十六、踏莎行（絕頂無雲）

十七、蝶戀花（滿地霜華濃似雪）

十八、蝶戀花（閱盡天涯離別苦）

十九、鵲橋仙（沉沉戍鼓）

二十、蝶戀花（昨夜夢中多少恨）

一、點絳唇

　　厚地高天，側身頗覺平生左。小齋如舸，自許迴旋可。

　　聊復浮生，得此須臾我。乾坤大。霜林獨坐，紅葉紛紛墮。

　　上片言紅塵混濁，詩人獨善於其中。

　　首二句「厚地高天，側身頗覺平生左」，言置身於天地之間，人生的理想與現實總有乖謬的地方。塵世中唯有真正坦蕩的人，才能俯仰天地而無愧色，然而一般人多有不能不屈己以從人者。「側身」，寫形體的難以容身，實質在指心靈的孤獨。此言「頗覺平生左」，表達作者不順心、亦不甘心的苦痛。這種苦痛是註定一生的感覺。「頗」，稍稍；有後悔、猶豫不定的語氣。莽莽紅塵之中，純真的個性與混濁的外界環境始終不能妥協。這種苦痛是註定一生的。這種矛盾一直困擾著悲觀的詩人。天地雖大，人生實難覓靜土。

　　三四句「小齋如舸，自許迴旋可」，言自己幸好仍有一間斗小的書齋，讀書自娛。「舸」，小船。船雖小，在飄泊不安的人世中，自有一絕對的空間，可以自在的伸展。「自許」，自以為；中間有一番自我的肯定。「迴旋」，盤徊自得。此與蘇東坡〈定

風波〉詞；「一蓑煙雨任平生」的豪情相類。管他外界的風風雨雨，詩人在這小齋中自有一片天地，擁有獨立不外求的真我。這種具有絕對的道德勇氣去追求自我的感覺，與虛偽的塵世標準截然不同。小齋中掌握的片刻自在即是永恆的獲得。人的不幸，生於此虛幻的紅塵；人的幸，仍能保存這自由自得的斗室，聊以獨善其中。一二句寫人生之苦，三四句苦中作樂，是一種自慰，也是一份對人世無奈的感慨。

下片言生命的飄零，詩人頓生悲天憫人之情。

下片首二句「聊復浮生，得此須臾我」，承上片「小齋如舸」的文意，姑且在虛幻的人生中，暫時獲得片刻的自己。獨善是執著，也是無奈。對於無常的人事多一份了解，對自己的特立獨行則多一分信心。就詩人慈悲的個性而言，此「我」之「得」並非真正的得著。人既不能擺脫認知的、情感的小我，自不能擁有絕對的真我。詩人無力普渡眾生，卻不得不在浮生中靜觀眾生沉淪，試問此心如何能安？如何能自在？眾生既苦，詩人自覺心靈的獨善也不過是永恆的苦楚。是以，此二句表面看來超脫，但在語言背後卻大有沉著味。下一「聊」字，表示不願意但姑且為之，足見詩人實難捨紅塵之情。紅塵若盡沉淪，我如何能真箇超脫？太上忘情，然而，情又如何真能忘得了？

末三句「乾坤大。霜林獨坐，紅葉紛紛墮」，最具哲思。其中的「霜林獨坐」為主句，「乾坤大」為襯句，「紅葉紛紛墮」為補充句。句句無我，實質句句寫我。以我觀物，物物皆有生命。物中有我，我物遂混融為一，此藝術作品最高的境界。「乾坤」，指宇宙。詩人由乾坤之大對比獨坐霜林的我之渺小。然宇宙雖大，我雖小，但宇宙因我的存在而存在，「我」的意義和價值因此而

無限量呈現，與宇宙足以等量而觀。三句言宇宙中物轉星移，萬物彷彿在寒冷的霜林中默默飄逝，唯獨我一人超然獨坐，靜觀大自然的衰榮。這種靜觀，不需索、不動心，驟看來是達觀的人生態度。然而，詩人於此下一「獨」字，卻予讀者一孤寂、冰冷的感覺，顯然是傷心人別有懷抱的無奈語言。人世間如仍有可爲，何用獨坐於此？正因爲乾坤之大，無處容身，「霜林獨坐」一句，倍覺凄涼。反觀詩人一生未嘗超脫而卒以投湖作結，以其熾熱入世的個性對應此等貌似灑脫不關心的詩句，益見詩人內心深處不能忘情之苦。「葉」，代表生機。葉的變紅，已是可憐。此言「紛紛墮」，詩人冷眼生命無情的凋謝，執著與超脫之間，無力取捨，自生無限痛苦。深情的他，又如何能忍心獨坐霜林，靜觀衆生的終結？

　　此詞情景混融，以哲理作結。情眞哲深，句句都是血淚。

二、浣溪沙

　　掩卷平生有百端，飽更憂患轉冥頑。偶聽鵾鴃怨春殘。
　　坐覺亡何消白日，更緣隨例弄丹鉛。閒愁無分況清歡。
上片寫詩人百感平生。

　　首句「掩卷平生有百端」，直寫三事：一、「平生」。指自己的生平遭遇。此言事。二、「有百端」。指想到一生的坎坷而興起百般愁緒。此言情。三、「掩卷」。掩，闔上；把平生的百感如闔上書本般一幷封閉，冷靜的、果斷的中止執著的情緒。此言理。由「掩卷」二字下的堅決，可見詩人平生遭受的百般滋味都是愁苦，並沒有半點快意溫情。

　　二句「飽更憂患轉冥頑」承首句詞意。「憂患」與「百端」

可互看。《易‧繫傳》：「作易者，其有憂患乎？」憂患與恐懼不同。一般人常因面對外力而生渺小、畏懼的感覺，從而放棄個人應然的責任，在意志上冀盼宗教或他力的幫助，此謂之恐懼。憂患則是當事人面對外在困難的時候，產生一種勇於承擔的自覺精神，無論其結果是成是敗，都具備堅持面對的決心。這種戒慎小心的感覺，謂之憂患。恐懼是妥協的，憂患是有所執著的。詩人承受百感的焦慮，行為卻愈發倔強堅定，顯然其內心的豪情並沒有消磨殆盡。下一「轉」字，轉生無比的力氣。

三句「偶聽鵑鴃怨春殘」，言春光已逝，時不我與。「聽」字屬舌尖音，短促而急，一如暮鼓晨鐘般敲到詩人的內心深處，帶出無限「怨」和「殘」的追悔。「鵑鴃」，杜鵑鳥；一作「啼鴃」。杜鵑啼血，其鳴必哀。「春殘」，言一生最寶貴的時光已經錯過，如今的狷介實無補於昔日的失落。詩人心念一轉，一切的堅持頓皆放下，轉生無限的哀怨悲涼。

下片極言人生的淒苦。

下片首二句「坐覺亡何消白日，更緣隨例弄丹鉛」。「亡何」，一作「無何」，不知如何。「隨例」，隨便。我漸覺不知如何才能消磨漫長的白晝，只好隨便做些文字點校的工作。「更緣隨例」四字，見詩人讀書寫作，全無抱負，一切只是隨緣而已。詩人的人生只是百無聊賴，毫無生氣，連表面的歡娛都不願意去做。生活至此，已是可憐。

末句「閒愁無分況清歡」，極寫人生愁苦的濃烈。詩人把情緒區分作四個階段：由清歡而片刻之樂而閒愁而濃愁。自言一生為濃愁所困，連閒愁都無緣一嘗，更何況是清寧飄逸的歡樂呢？面對百般的失意，詩人以無可奈何作結。

三、好事近

夜起倚危樓，樓角玉繩低亞。唯有月明霜冷，浸萬家鴛瓦。

　　人間何苦又悲秋？正是傷春罷。卻向春風亭畔，數梧桐葉下。

上片寫詩人內心的孤獨。

首二句「夜起倚危樓，樓角玉繩低亞」，極言孤寂難眠。「夜起」，指詩人因心事而難以入眠。「倚」，靠也。「危樓」，高樓。人往往因無聊而靠，因執著遂忘情而靠，亦因絕望無力而靠。靠的對象如是有情人，庶幾因靠而生熱，如此的倚靠自然纏綿無比。可惜此時此處詩人能靠的只是無情的建築，而且是「高處不勝寒」的冰冷建築。詩人自然愈靠愈寒，由外在的體寒而至澈骨的心寒。詩人復因倚高樓而望遠。遠方如有可思念的人，情雖苦，仍有盼望和執著。然而，詩人舉目長空，世間竟無一人可思、無一處可寄情。箇中淒涼滋味，更是苦不堪言。「玉繩」，星名。「低亞」，低垂。天上的玉繩星低垂至樓前，表示夜色將盡。此言詩人由深夜憑闌，一直沉思至天亮。當下萬籟俱寂，相伴的唯獨遠在天邊的星宿。二句不言愁苦，而愁苦已至極點。

三四句「唯有月明霜冷，浸萬家鴛瓦」。言天上只有孤單的明月和寒冷的霜雪，如水般浸濕了人間千萬戶的屋瓦。瓦是鴛鴦瓦，成雙成對。此言鴛瓦非獨一家的鴛瓦，而是「萬家鴛瓦」。詩人目光由天邊的孤月挪回人間眾家燈火，觸景更是傷情。千萬戶人家都能團聚，永不分離，我為何如此不幸，獨自流落於人海中？

下片寫人間世永恆的飄零。

　　下片首二句「人間何苦又悲秋？正是傷春罷」。一「又」字，見人間的苦楚是接連不已的。「春」，是生命的覺醒，在自然中生機蓬勃的同時，亦帶出有生必有死的另一種無奈情感。是以，敏感的詩人歌誦春天，亦哀歎春愁。詩人傷春悲秋，對大自然正常的更替興起人事無法掌握的感慨。凡人內心均有對人事求完整、完美的冀盼，如果完整一旦遭受破壞或幻滅，人自會感覺一股莫明的難過，佛家稱之為慈悲，孔孟說是惻隱。然世間的人事不如意卻十常八九，破壞與幻滅無日無之，不安的心靈已被視為常態的規律。生死聚散，皆有定數，人類始終不能超脫一分。這是古往今來永恆的悲慟，千古共通的無奈愁苦頓時一并壓在詩人的肩上。

　　末二句「卻向春風亭畔，數梧桐葉下」，深具靜觀的哲思。歐陽修〈蝶戀花〉：「淚眼問花花不語，亂紅飛過秋千去」，藉對客體景物的移情，表達悲憫心情的寫法，與此二句正相類。此詩人詞所以冠絕處。一「卻」字下得沉著。詩人企圖擺脫惆悵的情緒，嘗試用一閑暇的心情，冷眼細數一葉葉的梧桐飄下。「春風」，形容外界的得意，相對的更襯托出下句「數葉」的淒涼。「數」一動作有深層意思：一、詩人是冷靜理性的旁觀者；二、詩人是大自然的判官，判斷梧桐樹葉的生死，梧桐葉究竟飄落幾何，唯他一人獨知；三、詩人與梧桐樹混為一體。細數梧桐葉下，亦在細數自己飄逝的歲月。詩人靜觀萬物的凋謝，表面上狀似漠不關心，實質其內心蘊藏無數的傷感。以上三個層次實亦為一個層次，由冷靜而客觀而物我兩忘、情理合一。

四、蝶戀花

陡覺宵檢情緒惡。新月生時，黯黯傷離索。此夜清光渾似
昨，不辭自下深深幕。　何物尊前哀與樂？已墜前歡，無
據他年約。幾度燈花開又落，人間須信思量錯。

上片由月色寫離愁。

首句「陡覺宵來情緒惡」。「陡覺」，忽然覺得。「宵」，
深夜。此言詩人在深夜未能入眠，內心忽然感到莫明的厭煩。「
情緒惡」如果是在白天，自然較易排遣，但卻偏偏湧現在夜深獨
處的時候，沮喪的情緒難以揮去，倍添愁苦。

二三句「新月生時，黯黯傷離索」，點出心中所傷的是離愁。
「離索」，離群索居。「新月」，是半月，亦即殘月。由天上的
缺月，倍寫屋中人的孤獨傷神。

四五句「此夜清光渾似昨，不辭自下深深幕」。「清光」，
指月色。今夜清亮的月色一如昨夜，但昨夜有意中人相伴，今夜
卻是人去樓空，恍如隔世。詩人在此下一「似」字，強調昨夜與
今夜的感覺相似而實不相同。月雖殘缺，終有月圓的時候，反觀
故人一去，再會無期。詩人不忍見月缺而增愁，故寧可垂下簾幕
獨處。「不辭」，表示決絕的心情。徒然觸景傷情，倒不如把情
景截然區分，希望籍此能減低內心的愁苦。

下片詩人用尊酒以忘憂。末以哲思作結，點出人類內心永恆
的苦楚。

下片首句「何物尊前哀與樂」。作者因離愁不能入眠，只好
藉醉酒以銷愁。可是幾分醉意卻使他回想當日酒筵間種種溫馨。
「何物」，有否定的意圖。詩人愈想否定過去的情感，愈發不能
釋懷。人生的哀樂滋味，一一都湧上心頭。

二三句「已墜前歡，無據他年約」，言過去的歡娛已逝，再

聚無期，如何能期盼不可知的他年之約？「無據」，即無憑，不可靠。信誓旦旦只是口說，此約終究難守。人至深情時方始了悟情深之苦。

　　末二句「幾度燈花開又落，人間須信思量錯」，詩人明知相思是苦，仍以苦苦相思作結。「燈花」，一作「燭花」。詩人用燈火的明暗喻人生的起伏無常。燈火的餘燼不管如何燦爛，終究有熄滅的時候；人生也復如此，無論如何追求，也將歸於泡影。「思量」一詞，可有不同的解釋：一作不實際的空想；二作思維，理性的分析；三作情思，感性的牽掛。此詞宜作第三種解釋，謂人世間情思一動，便是註定的錯誤。作者感慨人生事事皆相對無憑藉，有生即有死，有聚必有散。今天的歡娛，更平添明朝分離的痛苦。唯有不生，始可能不滅；內心不為世情所牽，才不會因情而傷神。詩人最後以理性分析情感，極言苦苦相思的錯誤。然而，呼應上片首句的「陡覺宵來情緒惡」，顯見詩人亦是苦於相思之人。句末聊作反語，以冀自我開解。

五、蝶戀花

　　連嶺去天知幾尺？嶺上秦關，關上元時關。誰信京華塵裏客，獨來絕塞看明月？　如此高寒真欲絕。眼底千山，一半溶溶白。小立西風吹素幘，人間幾度生華髮？

　　上片言詩人遠離塵俗，赴絕塞觀賞月色。

　　首句「連嶺去天知幾尺」，一開始以問句帶出。連綿的峻嶺究竟距離蒼天有多高？此處由我來發問，嶺與天皆在我的認知之內。眾人皆不識，唯我獨知之。問句中自有豪情。李白〈蜀道難〉：「連峰去天不盈尺」。「嶺」，表示塵世；「天」，相對指上蒼，

爲人類希望所寄。重重的山巒去天看似接近，實質遙遠。雖遠，
又常混爲一體。此即現實與理想間長存的矛盾。

　　二三句「嶺上秦關，關上元時闕」，點出景物的恆久不變。
嶺上的關口是秦時的關口，關上的城闕是元時的城闕，一直屹立
至今。詩人以景物依舊，對應現實人生的變幻無常。

　　四五句「誰信京華塵裏客，獨來絕塞看明月」，又是反問語，
中間略帶自嘲的意味。「誰信」，其實是肯定語氣，不需俗世旁
人相信與否，事實已是如此。「京華」，指京城，乃名利爭逐的
地方。此言詩人不在紅塵中競逐榮華，反而到此絕塞作客，欣賞
明月。此二句一卑俗，一清高，形成強烈對比。第五句有三層意
思：「看明月」是一層，暗示詩人看破世俗的名利，至此靜觀清
景。「來絕塞」是一層，強調詩人脫離紅塵衆生。「獨」又是一
層，言忘卻世間情欲，品嘗孤獨的滋味。

　　下片詩人因景而生無限悲情。

　　下片首三句「如此高寒眞欲絕。眼底千山，一半溶溶白」，
承上片寫高山寧靜的景色。「絕」，言絕塞景物舉世無雙。「溶
溶白」，指月色高潔。眼底無數山巒，大半溶入皎潔的月色中。
詩人的「白」，是潔白，也是蒼白；於景是高寒清寂，於人則是
感慨悲涼。

　　末二句「小立西風吹素幘，人間幾度生華髮」，詩人由小立
片刻而生無限感懷。西風吹拂著詩人潔白的帽巾，人生的飄泊讓
詩人又增添了多少白髮。所謂「生華髮」，一爲自然的蒼老，頭
髮隨歲月漸趨斑白；一爲人爲的打擊，使頭髮頓時變白。人爲的
打擊復有深淺之別：外在的挫敗，乃一時之悲；內心的抑鬱，此
屬永生之悲。詞謂「幾度生華髮」，「幾度」有多次、深層的意

義，其失意顯然是永恆的痛苦。一生中抑壓了多少的失意事，頃刻湧上心頭，久久揮之不去。詩人在絕塞中難得的片刻寧靜安詳，復爲內心的積忿沖走。紅塵中的惆悵不平，始終未能超脫忘情，這是千古傷心人的煩惱，亦是詩人斑斑白髮的原因。

六、蝶戀花

> 百尺朱樓臨大道。樓外輕雷，不間昏和曉。獨倚闌干人窈窕，閒中數盡行人小。　一霎車塵生樹杪。陌上樓頭，都向塵中老。薄晚西風吹雨到，明朝又是傷流潦。

上片寫詩人在高樓觀景。

首三句「百尺朱樓臨大道。樓外輕雷，不間昏和曉」。「百尺朱樓」，指高大的紅樓。巍峨矗立的高樓可以遠眺，暗示樓中主人的志向遠大，脫俗不群。「朱樓」，非一般樓宇可比。朱，紅色，代表盛開、出眾的顏色。朱樓的寧靜和樓外大道日以繼夜的喧鬧形成一強烈對比。「大道」，泛指俗世人生。「輕雷」，形容車聲。紅樓儘管面臨繁雜的大道，但仍自成一片天地。於此引申出一顆傲然的心，在塵世中復能遺世而獨立。

四五句「獨倚闌干人窈窕，閒中數盡行人小」。一「獨」字承接首句傲然的個性，凡事不因襲，自有主張。「獨上高樓，望盡天涯路」，正是詩人對自我無限的冀許。「人窈窕」，點出一顆自賞的心。雖然獨倚闌干，無人理會，亦無人傾訴，但詩人懂得自我欣賞珍惜，自得無窮悠然的樂趣。〈虞美人〉詞：「且自簪花，坐賞鏡中人」，與此詞的境界正相同。「閒中」二字，說的是不動心。心眞的能超然物外，不隨意爲外物名利所牽引，才能處塵寰中自得其「閒」。「數盡」，表面呈現的是細心，冷眼

一一細數紅塵的眾生百態；二字背後卻帶出一種悲天憫人之心。由高樓俯瞰大道，細數一個個渺小可憐的行人。可是詩人驀然自覺，本身也不過是紅塵中一人而已。我與世俗眾生所承受的苦難，是無任何差異的。詩人明確的點出這份對人我一同在苦海沉淪的慈悲，有與天地一慟共憂愁的感歎。詩人在〈浣溪沙〉詞中謂：「偶開天眼覷紅塵，可憐身是眼中人」，亦同樣有此感懷。

上片詞情景交融，所謂：「一切景語，皆情語也。」詞中復勾列出人性中最寶貴的幾顆心：傲然的心、自賞的心、不動的心和慈悲的心。

下片寫詩人因景生情，對人間世充滿了同情。

下片首三句「一霎車塵生樹杪。陌上樓頭，都向塵中老」。「一霎」，片刻之間。霎時間車子捲起塵埃，撲向樹梢。陌上的行人和樓中的我，都在塵中不知覺的老去。此下一「都」字，表示毫無例外的，復點出一無奈之心。詩人面對時光無情的飛逝，年華老去，一事無成，感慨自生。此訴盡天下失意人幾許心間事。敏感的詩人每由小以見大，執一深情以馭眾生情感，從而勾起古今普遍的淒涼，打動千萬讀者的內心深處。偉大作品的成功處，亦在於此。

末二句「薄晚西風吹雨到，明朝又是傷流潦」。「薄晚」，薄，迫也；言臨近晚上。「流潦」，雨後的積水。傍晚西風吹來了夜雨，詩人想到明天一早田間又將充滿了積水，更為行人如何通過而感傷。下一「又」字，言風風雨雨並不是偶然的，而是一次又一次的衝擊，且非人力所能阻擋。這種「先天下之憂而憂」的多情性格，平添詩人無限的苦惱。由此可見詩人並沒有因為身在高樓而忘世，他的胸懷仍繫念天下蒼生的生活。情既非絕情，

人亦非絕世。無法看破，未能釋懷，才是千古至誠的眞情。

七、蝶戀花

> 春到臨春花正嫵。遲日闌干，蜂蝶飛無數。誰遣一春拋卻
> 去？馬蹄日日章臺路。　幾度尋春春不遇。不見春來，那
> 識春歸處？斜日晚風楊柳渚，馬頭何處無飛絮？

上片寫詩人靜觀紅塵的追逐。

前三句「春到臨春花正嫵。遲日闌干，蜂蝶飛無數」。「臨
春」，爲南朝陳後主的閣名；此泛指繁華地。「花」，指春花，
代表生機、希望。「嫵」，明媚，表示熱鬧的生態。此言春天來
到臨春閣，百花爭妍盛開。春日遲遲，憑闌見無數蜂蝶飛舞。三
句反映盛世時處處都見競逐名利，好不熱鬧。唯獨作者懶洋洋的
倚闌靜觀春光的轉移，個人心情既閑淡，復超然。

四五句「誰遣一春拋卻去？馬蹄日日章臺路」，「章臺路」，
在長安城南；泛指京城，爲名利爭逐的中心。詩人嘲諷世人汲汲
於仕途，誰會珍惜芳春？世人不懂深情，重視的只是物質的、生
活的滿足；詩人在意的卻是精神的、生命的獲得。「馬蹄日日」，
談的是世人形骸的勞役，終日忙於奔波鑽營，如何能了悟存在的
眞諦。唯有靈敏無所求的詩人，才會體會春來的寶貴意義。

下片寫眾生的無奈。

下片首句「幾度尋春春不遇」，言詩人也曾多次尋訪春天，
卻都沒有遇上。「春」只是無限的生機，無形無蹤，並不是任何
實物，所以處處是春，處處亦非春。詩人覺悟大自然乃一循環，
所有對立皆爲一整體，實毋需苦苦索求。於此，遂帶出二三句「
不見春來，那識春歸處」，深具哲思。人如能明白有生必有死，

有成必有敗，有始必有終，有圓必有缺，則何須思量春從何來，春歸何處呢？人能掌握當下的一刻，春天已然在手中。

末二句「斜日晚風楊柳渚，馬頭何處無飛絮」，以問句作結。詩人冷眼世俗的苦苦經營，到最後都是茫然成空，了無得著。「斜日」，表示詩人的倚闌，由白天一直至夕陽西下。彼觀大自然的轉移，亦靜思一己的自得。悠然的晚風吹拂著江邊的楊柳，行人的馬頭所向，處處都是落花片片。「馬頭」，指人生的目標。此言馬頭處處見飛絮，比喻眾生的茫然，處處都是無奈，都是困頓，都是飄零。杜甫〈曲江〉：「一片花飛減卻春」，詩人對於大自然的改變極為敏感。「一片花飛」已讓他感覺到青春的不復再，生命的完整性已遭受破壞，更何況是處處飛絮、落紅無數的殘春景狀？此益發牽動詩人內心對生命的不忍、對人事的淒然，有與天地同悲的哀慟。

八、採桑子

> 高城鼓動蘭釭炧，睡也還醒，醉也還醒，忽聽孤鴻三兩聲。
>
> 人生只似風前絮，歡也零星，悲也零星，都作連江點點萍。

上片寫外在環境的孤寂。

首句「高城鼓動蘭釭炧」，描繪出孤寂的氣氛。「高樓」，點出詩人所處的地點。「鼓動」，言暮鼓連連，聲音悲壯，亦襯托夜深的寂寥。「蘭釭」，即燈的美稱，此言室內只有孤單的美燈為伴。「炧」，即燭灰，暗示燈火快將熄滅，生命由熱而冷。此處既寫景，亦寫內心惆悵的情。詩人在高城上一邊聆聽暮鼓，一邊冷眼燈火轉成灰燼。一「炧」字把天地間的生機都靜止，使

情景更覺淒然。

二三句「睡也還醒，醉也還醒」，言思量之苦。無論是刻意
入睡，抑或是痛飲求醉，詩人都不能驅散內心的愁苦。愈不思量，
愈是苦思量。純真的詩人容易為情所困，而無法解脫釋懷。個性
的執著，是永恆愁苦的根源。

末句「忽聽孤鴻三兩聲」，「孤鴻」，有擬人的功能。在寂
靜中劃破長空的，卻是離群的孤雁叫聲，讓詩人飄泊的心情更添
苦澀。「三兩聲」，言斷續的聲音，表示孤雁哀鳴之後，又回復
絕對的孤寂。

下片由景入情，白描內心濃烈的悲觀情緒。

下片四句以風前飛絮比喻人生的無根。「零星」，零碎，不
完整。人生無論是歡樂抑或悲傷，都是破碎的、短暫的，都化作
江上的點點浮萍，為江水無情地沖走。此言人生的執著，都是無
意義的追求。生命早已註定是失落無憑。詩人善用真情描寫空虛
無奈的閑愁，而此空虛非單獨個人的空虛，而是普遍人性的空虛。
偉大的藝術作品必定兼具其永恆性和普遍性，詩人的詞最擅長勾
起人類的共通情感，《人間詞話》中所謂：「儼有釋迦、基督擔
荷人類罪惡之意」，此與南唐李煜的詞有極有類的地方。

九、鷓鴣天

> 列炬歸來酒未醒，六街人靜馬蹄輕。月中薄霧漫漫白，橋
> 外漁燈點點青。　從醉裏，憶平生。可憐心事太崢嶸。更
> 堪此夜西樓夢，摘得星辰滿袖行。

上片寫詩人飲宴歸來後的寂聊情緒。

首二句「列炬歸來酒未醒，六街人靜馬蹄輕」，寫詩人的孤

獨。「列炬」，成行的蠟燭，表示熱鬧的飲宴。「歸來」，言由
塵俗回到獨處的空間。詩人藉外界的歡娛側寫內心由絢爛歸於平
靜的感覺。「酒未醒」，酒意未醒，但人已經清醒，所以能聽到
街外傳來輕踏的馬蹄聲。「六街」，泛指大街。「馬蹄輕」，寫
的是外面偶發的音響，由此一見作者清醒；二見作者孤獨無聊；
三見作者內心的不安，心靈浮動一如蹄聲的跳躍。這種不安的感
覺，由下片詞得知是源自理想不能落實。

三四句「月中薄霧漫漫白，橋外漁燈點點青」，寫靜景。詩
人深宵酒醒難眠，在月色中只見白茫茫無邊際的薄霧，橋外漁燈
閃著點點青光。「白」、「青」給予讀者的意象是淒涼的、孤寂
的味道。由客體的寧靜反映其內心感發的冷清。

下片詩人藉幾分醉意，追憶平生理想無法實踐的懊惱。

下片首三句「從醉裡，憶平生。可憐心事太崢嶸」。「崢嶸」，
突出，暗示不凡的抱負。此言志向與現實的距離，理想愈高，阻
礙亦愈大，煩惱亦愈多。「心事崢嶸」本是人人應有的上進心，
但可借「太崢嶸」則往往被譏為空想，只落得「可憐」二字。人
生中平凡本是最可珍貴的，可是世人都刻意的勉強做不平凡的人，
遂生無端的痛苦。平凡人為不平凡事是苦，不平凡人作平凡事亦
苦。詩人內心的豪情既不為世人認同，亦苦無機會寄託哀愁，只
能盼在夢中尋求片刻的自我肯定。

末二句「更堪此夜西樓夢，摘得星辰滿袖行」，言詩人在夢
中堅持脫俗不凡的傲氣。「星辰」，象徵高遠的理想。下一「摘」
字、一「行」字，表達詩人無比的進取。詩人摘下的並非一般的
物品，卻是天上稀有的星辰，而且是摘得星辰無數，滿載而歸。
「行」，指傲然的邁開步踐，行己所當行之路。此路自非世俗平

凡之路。然而，可憐句末用一「夢」字點出此番豪情與現實無緣。詩人在夢中的境界愈高，愈發襯托現世人生的渺小無力，感慨悲涼自深。

十、浣溪沙

　　　山寺微茫背夕曛，鳥飛不到半山昏。上方孤磬定行雲。

　　　試上高峰窺皓月，偶開天眼覷紅塵。可憐身是眼中人。

　　上片寫詩人對理想的冀盼。

　　首句「山寺微茫背夕曛」。「山寺」，形容崇高、莊嚴的象徵，亦暗示詩人立志追求的高尚目標。「微茫」，給予讀者一種隱約莫測的神秘感覺。「夕曛」，夕陽的餘暉。「背夕曛」，指山寺背後的夕陽，散發出陣陣不可知的幽光。

　　二句「鳥飛不到半山昏」。「鳥飛不到」，形容山寺之高。鳥未能攀飛到半山，天色已經昏暗了。言此高尚的人生目標並非一般世人能企求。

　　三句「上方孤磬定行雲」，言高處傳來孤寂的磬聲，神妙的使浮雲凝固不動。「上方」，指高處，或指上天，或言寺中。此磬聲能定行雲，亦能正人心。在塵世間仰望山寺，只見其光，但聞其音，而不識寺中的實況，遂使有心人對崇高的山寺產生無限的好奇和嚮往。吾人對於理想的追尋，其動機亦復如是。此與詩人引「獨上西樓，望盡天涯路」一詞作爲治學的第一個理想境界，可以互參。

　　下片寫詩人對生命的絕望。

　　下片首句「試上高峰窺皓月」，言詩人企圖攀越高峰，窺探明月，以求知道寺後幽光的秘密。「試」，嘗試，表示有決心。

「窺皓月」，言冀盼了解那不可知的自然。

　　末二句「偶開天眼覷紅塵。可憐身是眼中人」，深具哲理。「覷」，探看。詩人驀然自覺，皓月一如上天的法眼。上天偶然睜開它的眼睛，默默地觀看著紅塵中的每一個人。而我不管再用力，攀登再高，也只不過是其中的一個可憐人罷了。由天之視下，眾生無論高低優劣，賢愚自覺與否，均不能超脫時空人壽的限制，眾生實無任何差異。「眼中人」，乃宇宙主宰俯瞰的芸芸眾生。世人終日忙於爭逐名利，追求的只是物質生活，對於人生理想、生命的問題是不知求索的。是以，彼等的煩惱只是一般短暫的計較心的焦慮。詩人敏銳的超越此物質層次，探討精神的終極歸宿。然而，詩人雖有高遠的志向，不甘屈服的堅毅精神，但當他一旦了悟人世在冥冥中早已安排，任何追求都只是白費力氣，理想中的山寺更是一永遠無法到達的境界，所有積極進取的信心頓然消失，轉生無窮盡的痛苦。這種痛苦，自然遠比紅塵世俗不知不覺的煩惱來得深遠。末句「可憐」二字下得最是沉痛。

　　「可憐」的對象有二；一是紅塵中所謂「眼中人」的眾生；一是「身是眼中人」的自己。詩人由「非眼中人」的倔強自信，過渡至不得不承認自身與眾生同屬老天「眼中」虛幻命定的可憐人，遂生無限的淒涼。

十一、浣溪沙

　　昨夜新看北固山，今朝又上廣陵船。金焦在眼苦難攀。

　　猛雨自隨汀雁落，濕雲常與暮鴉寒。人天相對作愁顏。

　　上片寫詩人由登臨山水而興人力渺小的感慨。

　　首三句的「金焦」，指金山、焦山。三句點出詩人勇往直前，

義無反顧的豪情。然而,「此山望彼山,一山還有一山高」,詩人不斷翻山涉水,終於了悟總有人力不可攀越的地方。「在眼」,言距離看似不遠,卻無法攀登的遺憾。在此下一「苦」字,見詩人的堅持與無奈。詩人因內心的執著而生苦。人事有可為、有不可為的區別:可為而不為,是為惰;可為而為之,是為勤;不可為而不為,是為智;不可為而為之,是為苦。人事復有不可強為者二:一曰天意;一曰愛情。凡勉強者必成終生的痛苦。

下片悲歡命定的人生。

下片首二句感歎詩人不管攀登再高再遠,都無法逃避大自然的猛雨濕雲。「猛雨」、「濕雲」、「暮寒」,均都指大自然的變幻無常,比喻人生中突發的困厄,亦非渺小的人力所能改變。

末句「人天相對作愁顏」,以哲理作結。此指人和天相對無言,彼此都充滿著愁容。在歷史和自然的演變過程中,若干不可知的黑暗面會阻礙著天人正常的發展。它非理性的影響了大自然的因果定律和善惡的價值標準。吾人無法運用人類的智慧去理解這黑暗面的根源,無以名之,稱之為命運的命。命的力量不但干擾了人生的目標,亦同樣的操縱了大自然的運作。詩人有感人生早已命定的為宇宙某種力量所控制,自生無邊的愁緒。天若有情,亦將與可憐人共一慟。

十二、蝶戀花

> 辛苦錢塘江上水,日日西流,日日東趨海。終古越山湏洞裏,可能消得英雄氣? 說與江潮應不至,潮落潮生,幾換人間世。千載荒臺麋鹿死,靈胥抱憤終何是!

上片言時光流逝的無情,但詩人內心仍保有一份堅持。

首三句「辛苦錢塘江上水，日日西流，日日東趨海」言江水日日辛苦的向西回流，復往東入海。此本屬大自然的景象，無所謂「辛苦」，宜為觀看江水的人因內心的辛苦而覺得江水也是苦。詩人由江水濤濤，興起人生無奈之情。重疊兩固「日日」，強調江水不斷的灌注，但對於海量卻未嘗增加分毫。江水「西流」復終東歸於海，亦比喻人事宜順應自然，任何勉強都只是徒然的「辛苦」而已。然而，江水默默的東流，復暗示人生另一種執著、無悔的精神。

四五句「終古越山潋洞裡，可能消得英雄氣」。「終古」，自古。「越山」、「潋洞」，錢塘江邊的地名。「可能」，豈能。此言江水無情，時間無情，但豈能消磨殆盡千古的英雄氣慨？人年壽有限，形軀終究不能與大自然相抗衡，唯獨內心一點傲然的浩氣，卻能永留於人間。末句倔強，詩人肯定英雄氣慨的價值，足與日月爭輝。

下片轉而感歎人生執著的無意義。

下片首三句「說與江潮應不至，潮落潮生，幾換人間世」，此言淺人推想錢塘江的潮水應有時而止，可是潮落潮生，人間已不覺換了無數朝代，江水仍是漲退不已，並無絲毫的改變。詩人另一〈虞美人〉詞謂：「人間孤憤最難平，消得幾回潮落又潮生」，亦以潮水借喻人事的變幻無常。

末二句「千載荒臺麋鹿死，靈胥抱憤終何是」，詩人用吳王不聽忠臣伍子胥的諫言，反賜其自殺的典故。「荒臺」，荒廢的姑蘇臺。「靈胥」，即伍子胥的亡靈。此言千百年以後，姑蘇臺已經荒蕪，曾在臺前嬉戲的麋鹿也早已老死，而伍子胥的靈魂依舊抱恨九泉。試問人生的執著，又有什麼價值呢？伍子胥的死諫，

自是古之英雄典範。然而，他的冤死，世人並不珍惜了解，對於世道民生更無任何影響。大自然的潮落潮生，並未因伍子胥的死而增損些什麼。詩人為伍子胥缺乏知音感到不平，亦因人力的渺小興起無限的悲歎。

十三、虞美人

> 犀比六博消長晝，五白驚呼驟。不須辛苦問虧成，一霎尊前了了見浮生。　笙歌散後人微倦，歸路風吹面。西窗落月蕩花枝，又是人間酒醒夢回時。

上片直言人生的無意義。

首二句「犀比六博消長晝，五白驚呼驟」。「犀比六博」，指用犀牛角製造的棋子。「五白」，言骰子。此言人們下棋作樂，打發漫長的白日，擲骰子聚賭，大聲喝彩。人生缺乏真正的意義，每天只是沉醉於聲色、追求表面名利的輸贏，並無任何深度的人性體會。

三四句「不須辛苦問虧成，一霎尊前了了見浮生」。「一霎」，片刻間。「了了」，明白。此言不須要辛苦尋問成敗，在酒筵中已清楚見到人生本是虛幻的真諦。詩人借幾分醉意，表白浮生的虛名誤人。

下片寫內心的苦痛。

下片首二句「笙歌散後人微倦，歸路風吹面」，詩人寄情於笙歌，企圖藉外在的熱鬧暫忘卻種種的失意。及至酒闌人散，詩人稍覺困倦。歸途中涼風撲面，因酒醒復惆悵平生。

末二句「西窗落月蕩花枝，又是人間酒醒夢回時」，深具哲理。詩人獨對西窗落月，窗外花枝顫動，感歎又是一個酒醒夢回

時候。「落月」，月升表示人生的希望，月落則暗示情緒的低沈。「蕩花枝」，花枝的搖蕩，乃內心不安的投射。心情的抑鬱不安，主因是「酒醒夢回時」。「又是」，又一次，指不斷的，中間有不得不面對的苦痛。「人間」，言詩人苦苦不能超脫的現實世界。悲觀的詩人置身於紅塵的舞榭歌臺，故意用擾攘的聲色來麻醉心靈。在醉裡夢中不需要考量太多現實的煩惱，純真性情仍稍能流露無禁。然而「酒醒夢回」，人間的種種醜陋面復再湧心頭，這種苦痛然不足爲外人道。

十四、虞美人

> 碧苔深鎖長門路，總爲蛾眉誤。自來積毀骨能銷，何況眞紅、一點臂砂嬌。　妾身但使分明在，肯把朱顏悔？從今不復夢承恩，且自簪花、坐賞鏡中人。

上片痛陳小人的誹謗。

首二句「碧苔深鎖長門路，總爲蛾眉誤」。「長門」，漢朝宮殿名，一般是指漢武帝陳皇后因失寵，退居長門宮一事。「蛾眉」，指美人，比喻正人君子。作者用一「誤」字爲美人說解，長門宮深鎖的責任，不應只歸究由於她的美貌所引起。詩人深責世人好評論是非，往往在有意或無意間混淆理性和感性的事情，復假眞理之名而行僞善，誤傷多少純眞的情感。

三四句「自來積毀骨能銷，何況眞紅、一點臂砂嬌」，有借題發揮的感慨。「臂砂」，即女子臂上的守宮砂。「積毀」，毀謗太多。語出《史記·張儀列傳》：「衆口鑠金，積毀銷骨。」此言從來毀謗流言太多，會讓人骨都銷蝕，更何況我是個貞潔自律的女子。小人的蜚短流長，顚倒黑白，已教人厭煩；泛道德的

盲目判斷，更讓我無由辯明。詩人在另一首〈蝶戀花〉詞中亦一再用此典故申述小人毀謗的無聊可恨：「莫鬥嬋娟弓樣月。只坐娥眉，消得千謠諑。臂上宮砂那不滅？古來積毀能銷骨。」切身之痛，情何以堪！

下片寫詩人自我的肯定，點出讀書人的風骨。

下片首二句「妾身但使分明在，肯把朱顏悔」。「分明」，即清白。此言我所求的只是清清白白的活下去，如何會後悔擁有這美好的容顏？世人重視的是膚淺的外表，詩人追求的卻是坦蕩純潔的心靈。「但使」，表達詩人堅決的口吻。詩人有肯定自我的方式，自然不需要理會或逢迎世俗的評價。

三四句「從今不復夢承恩，且自簪花、坐賞鏡中人」，詩人以特立獨行作結，傲然的信心溢於言表。「承恩」，等候恩寵。「鏡中人」，是「簪花」者的理想。「坐賞」，在靜觀中超越時空，與「鏡中人」一同到達忘俗的永恆境界。此言從今以後不再有屈服於他人的念頭，一切美好的修飾裝扮，只是爲了自我欣賞。「不復」二字斷然否定了外界的榮辱評價。俗云：人到無求品自高。凡事不作外求，不冀待別人的認同而能肯定自我的價值，這是詩人信心的泉源，也是人性中高貴情操之所在。

十五、浣溪沙

> 六郡良家最少年，戎裝駿馬照山川。閒拋金彈落飛鳶。
> 何處高樓無可醉？誰家紅袖不相憐？人間那信有華顛！

上片寫富家子弟的浮華生活。

首句「六郡良家最少年」。「六郡良家」，泛指豪門望族，擁有權勢財富的上層社會。「少年」，年青的貴公子。年青代表

希望、代表美好的歲月。「最少年」，意指年青一代中本應最有希望、最優秀的一群。

二句「戎裝駿馬照山川」。「戎裝駿馬」，指少年表面的裝扮，一「照」字突出富家少年不凡的光彩，足以照耀山河。可惜所謂光彩只是外在包裝的華麗，而不是從內涵和深度出發，這種「照山川」自然只是不實的虛名。

三句「閒拋金彈落飛鳶」。「拋金彈」，力寫富貴，亦點出得意洋洋的淺薄。此言貴公子行獵，拋擲金彈射落飛鷹，但卻以一「閒」字帶出。「閒」，反映公子的生活充滿頹廢無聊的氣息。閒時已經如此隨意揮霍，如果刻意縱情，更不知要浪費多少民脂民膏。詩人用一「閒」字烘托前兩句「最少年」的「最」和「照山川」的「照」，皆是反語。此處諷刺富貴人家的生活，有大好的歲月不懂得珍惜，有照耀的條件卻未能善用，只懂得膚淺的打扮外表，了無深意。

下片寫詩人的憐憫。

下片首二句「何處高樓無可醉？誰家紅袖不相憐？」詩人故意提出疑問，表面上答案都是肯定的。在現實生活中，處處高樓皆可醉，家家紅袖俱相憐。然而，到高樓買醉，無非是用片刻的熱鬧換取短暫的麻醉，卻終究無法填補心靈的空虛。「紅袖」，即妓女。高樓紅袖的可醉相憐，其愛慕的只是公子的多金，並不是發乎真心的關懷。假如高樓真可歡醉，紅袖確是可人，作者亦不須於此反問生疑。貴公子徒然在物欲上追求，愈發覺得人生的空虛。

末句「人間那信有華顛」，把前面五句敘述生活的得意全數否定。「華顛」，即白髮。此言貴公子終日作樂無憂，未識人世

間有年老髮白之事，實質上卻是諷刺他們毫無深層思考、不關心
蒼生的享樂生活。對這種不知不覺的人生，詩人由無奈轉生莫明
的悲哀。

此詞上片三句寫的是貴公子生活的富足，下片三句點出內心
的無知，末以哲理作結，詩人批判的技巧，是由首二句的反語，
三句的譏諷，四五句的疑惑，以迄末句的否定。詩人對於人性散
發出一種永恆的憐憫。憂時憂生的情操，隱隱串連於詞中。

十六、踏莎行

> 絕頂無雲，昨宵有雨。我來此地聞天語。疏鐘暝直亂峰回，
> 孤僧曉度寒溪去。　是處青山，前生儔侶。招邀盡入閒庭
> 戶。朝朝含笑復含顰，人間相媚爭如許。

上片寫詩人遺世而獨立。

首二句「絕頂無雲，昨宵有雨」。「絕頂」，作者所站的地
方，為遠離塵俗之處。「無雲」，言頂上無雲，無以上之。「有
雨」，表示天與我的接觸。絕嶺之上，無雲有雨，唯獨天知我知。
「昨宵有雨」，可見作者早在昨夜獨於此靜觀大自然的變化，雨
後放晴，萬里無雲。

三句「我來此地聞天語」，言「我」一人來此，聽聞老天的
話語。由「我」來聞天語，非透過一般俗世人來聞，「我」與「
天」之間產生一等量的效果，「我」的價值遂無限的呈現。「聞
天語」，語出李清照的〈漁家傲〉詞：「彷彿夢魂歸帝所，聞天
語，殷勤問我歸何處？」這是一種超越塵世的傲然，作者以此帶
出內心的不甘從俗。由此復見詩人心靈的高遠，他主動的投身寂
靜的自然，可推知擾攘的塵俗已無留戀的地方。

四五句「疏鐘暝直亂峰回，孤僧曉度寒溪去」，寫山中寧靜的景物。黃昏時，疏落的鐘聲回蕩於亂峰之間；天一亮，獨見孤僧涉過寒溪而去。「疏鐘」、「孤僧」、「亂峰」、「寒溪」，皆遠離塵俗的事物，合成一幅清逸的圖畫。這些都不是世人爭逐的目標，而卻為作者獨享。

下片寫詩人純真的性情。

下片首三句「是處青山，前生儔侶。招邀盡入閒庭戶」，意謂這裡的青山，是我前生的伴侶，它誠懇的邀請我進入這清幽的庭院中。「前生儔侶」，是說前生友好，今生復相尋。「閒庭戶」，清靜的庭境，此與世俗的煩擾相對。詩人甘願與青山世世為知己，見詩人遺世的決心。

末二句「朝朝含笑復含顰，人間相媚爭如許」，言青山朝朝暮暮的對我或笑或顰的關懷，試問人間的情誼如何能與之相比？詩人厭惡人世間充滿機心險惡，唯獨大自然的無邪，才足以深深打動純真的詩人，與詩人的心靈契合無間。

十七、蝶戀花

> 滿地霜華濃似雪。人語西風，瘦馬嘶殘月。一曲陽關渾未徹，車聲漸共歌聲咽。　換盡天涯芳草色。陌上深深，依舊年時轍。自是浮生無可說，人間第一耽離別。

上片寫離別的情景。

首句「滿地霜華濃似雪」點出離人的氣氛。離情依依，心內的愁若使大地的空氣頓覺凝固，如霜雪滿地般淒然。「濃」，寫的是寒霜，暗示的是心的寒冷。分離使詩人倍覺人生已無生趣。

二三句「人語西風，瘦馬嘶殘月」，點出相送的時間，是在

深秋的某個晚上。「風」，不是醉人的暖風，卻是淒清的寒風。
西風吹徹大地的生機，亦吹走了知心的人。詩人情深而癡，既不
能再與故人相聚，只好無奈的寄語西風，希望風兒有靈，能把心
中話傳給遠方的他。寫作手法與歐陽修的〈浪淘沙〉：「把酒祝
東風，且共從容」相類。「月」，不是圓月，而是殘月。因景是
分離的景，是以月亦應是破碎的缺月。此處非指月缺，而是人破；
細究亦非人破，而是心碎。心因生離死別而碎。「馬」，不是胖
馬，而是瘦馬，想馬的主人必更形消瘦。此時只見瘦馬孤獨的對
月哀鳴，故人已離我遠去。馬的消瘦，自有飼馬的人照料，可是
人的消瘦，又有誰會理會呢？悲涼的景狀轉生無限的愁緒。

　　四五句「一曲陽關渾未徹，車聲漸共歌聲咽」，言故人匆匆
而去。送別的歌曲還未完全唱畢，故人所乘的車已經急著起行。
隨著車聲漸遠，歌聲已經變得嗚咽不成音。所謂車聲與歌聲「共
咽」，反映雙方都不願意、可是不得不分離的痛苦。車本是無情
物，卻因歌聲的淒怨，被感動而流下同情之淚。一曲未了而緯已
讓萬物同愁，可見情深意真如此。

　　下片言別後年年的思念。

　　下片首三句「換盡天涯芳草色。陌上深深，依舊年時轍」，
謂天涯芳草一年復一年的枯榮更換，恍惚變幻才是永恆。可是，
不管芳草如何改變，並沒有轉移我的注意。我一直在離別的地方
守候故人，不變的仍是這顆鍾情的心。放眼田間路上遺留的，依
舊是去年深深的車轍。車轍雖在，故人卻不知流落天涯何處？「
依舊」二字，點出詩人無限的追思 。人生緣聚緣散，無由把握
什麼。鍾情只是註定的失落，怎不教人神傷？

　　末兩句「自是浮生無可說，人間第一耽離別」，詩 人由寫

情而歸結於哲思，點出人生的虛幻無常。「無可說」有三層次：一是不可以說。因說也是白說，沒有用處。二是不值得說。因浮塵事事都是相對，並無實質的價值，不值得去追求。三是難說。世事變幻難料，多有難言之隱。人世間生離死別的原因，自是有可說，有不可說者，然而，所面對的痛苦卻都是千古一致的。「耽」，苦也；迷也。人生因離別而相思，因相思而執著，因執著而愁苦。一日無法超脫，始終未能品嘗真正的歡娛。離愁是永恆的痛苦，顯然是千古不易的定律。「第一」，有莫過於的意思。此言人世間最傷心者莫過於分離。世人淺薄，好爭第一，唯此「人間第一」苦，只詩人獨享。再三讀之，更覺淒涼意。

十八、蝶戀花

> 閱盡天涯離別苦。不道歸來，零落花如許。花底相看無一語，綠窗與天俱暮。　待把相思燈下訴。一縷新歡，舊恨千千縷。最是人間留不住，朱顏辭鏡花辭樹。

上片寫造物弄人，詩人無緣與故人再聚。

首句「閱盡天涯離別苦」，寫別離的痛苦，共有三層意思：一、「離別苦」，言分離的情苦；二、「天涯離別苦」，言分隔千萬里的空間之苦；三、「閱盡天涯離別苦」，言詩人一一品嘗各種時、空交錯的愁苦，乃理性的、冷靜的、經歷沈澱的痛苦。第一層苦是當下的苦、淺的苦；第二層苦是執著的苦、深的苦；第三層苦是廣而深的苦、永恆的苦。

二三句「不道歸來，零落花如許」，言分離非我所願，想不到歷劫歸來時，客觀的環境和主觀的情感都已改變。「如許」，指多。言時光無情，百花紛紛凋落。花的飄謝，不可復生，即使

把花再接枝頭，亦已無生機，不再是原來的花。此暗示一片花飛，已教詩人傷感，更何況是「零落花如許」。詩人《好事近》的「數梧桐葉下」、〈蝶戀花〉的「馬頭何處無飛絮」，寫的正是這種飄泊悲涼的心情。詩人由落紅無數，興起前塵種種都無法挽回或追悔的感歎。「零落如許」，指花，亦指人，更點出詩人的內心。

四五句「花底相看無一語，綠窗春與天俱暮」，言與故人相會，卻苦無一語。綠窗依舊，但天人俱已遲暮。「花底」，當為過去與故人常相廝守的纏綿地方，如今景物依舊，人事已非，情何以堪？「無一語」，點出緣盡的淒涼。詩人遍嚐天涯苦楚，歷劫歸來正是為見故人，然而「春與天俱暮」，此言「春暮」，指的是時光、年華老去；「天暮」，指的是機緣的錯過，時不我與。「天」，形容莫測的天意；今言命運。由於命運中冥冥的阻礙，詩人知道與故人已無緣再聚，深情的「相看」已是 徒然。「綠窗」所代表的生機開展和希望，與「春與天俱暮」的無奈成一強烈對比。

下片寫人生中永恆的離愁。

下片首三句「待把相思燈下訴。一縷新歡，舊恨千千縷」，謂本擬在燈下與故人傾訴別後的相思，但一點新的歡娛，又讓我記憶起無數離別的舊恨。一「待」字 ，有正要完成的衝動，但卻有所保留的疑慮心態。此言相思之情實無由向對方傾訴。內心快樂愁苦的滋味，是一與千萬之比。短暫的相遇，試問如何能填補永別的空虛苦痛？詩人極言內心「剪不斷，理還亂」的愁緒。

末二句「最是人間留不住，朱顏辭鏡花辭樹」，作哲理的總結。此言人生最不可掌握的是生命。人間的分離，無論是生命的

自然終結，抑或是客觀環境的阻礙，都構成永恆的苦惱。「朱顏辭鏡」指青春的逝去，「花辭樹」指環境的改變。通篇對生命充滿著無奈的感慨。

十九、鵲橋仙

> 沉沉戍鼓，蕭蕭廄馬，起視霜華滿地。猛然記得別伊時，正今夕、郵亭天氣。　北征車轍，南征歸夢，知是調停無計。人間事事不堪憑，但除卻、無憑兩字。

上片寫飄泊的鄉愁。

首三句「沉沉戍鼓，蕭蕭廄馬，起視霜華滿地」，既寫景亦是言情。詩人躺在客次的床上，靜聞遠處傳來邊戍的鼓聲沉沉，內心沈重異常；復聞塞外征馬的悲鳴，更是倍感悲涼。「沉沉」、「蕭蕭」，疊字低沈短促的音節，加強征人不願離鄉但不得不遠行的痛苦。三句言詩人因觸景生愁，難以入眠，遂起視雪地上白茫茫一片淒清的景象，內心亦頓起茫然失落的感覺。

四五句「猛然記得別伊時，正今夕、郵亭天氣」，言詩人忽然記起當年與伊人分別時的時節與今夜無異。「郵亭」，旅舍，此暗示詩人長年客次於外，與伊人再會無期。「猛然」二字，把詩人的思緒由當下一刻瞬即移至過去，然而其中的淒涼味道卻是古今一體。

下片寫人世虛幻，不可憑靠。

下片首三句「北征車轍，南征歸夢，知是調停無計」，詩人隨征途而北走，其心卻因惦念伊人而飄向南方，身心、情理的衝突，是 註定永無調和的一日。然而，寶貴的光陰卻在此兩難當中悄然虛渡。

末二句「人間事事不堪憑，但除卻、無憑兩字」，作哲理的結語。人在動蕩不安的社群中，愈發希望能求得一常道，以安身立命。詩人經過平生的失意，卻歸納出一悲觀的結論，消極的否定人生的實質意義。詩人謂人間事事都是虛幻不可憑靠，更沒有永恆可言，只有「不可憑靠」的變動，才是永恆。此與另一〈鷓鴣天〉詞所謂：「人間總是堪疑處，唯有茲疑不可疑」的境界相類。詩人全面否定人生的價值，認爲人不可能在現世中尋找到眞善美。語言雖甚平靜，卻倍感凄然。

二十、蝶戀花

昨夜夢中多少恨。細馬香車，兩兩行相近。對面似憐人瘦損，衆中不惜搴帷問。　陌上輕雷聽漸隱。夢裡難從，覺後那堪訊？蠟淚窗前堆一寸，人間只有相思分。

上片寫與伊人夢中相遇之情。

首句「昨夜夢中多少恨」，點出思念的深情。「多少」，無數。「恨」，是離恨，亦是別後相逢，卻無法相聚之恨。一「恨」字，牽起衆生心中的共同感覺。夢魂中的苦苦尋覓，徒然只是數不盡的遺憾。造物弄人，有情人在現實人生中更是不可能團聚。

二至五句言詩人在夢中騎著瘦馬，徘徊於人海，乍見故人在香車之內。彼此迎面擦身而過的時候，她由於憐憫詩人的憔悴，在陌生的人群中不惜搴起車帷向詩人問候。「似」，疑似之詞，爲下一句「問」字作解語。「憐」，不敢言愛，但箇中更點出無限的愛意關懷。人世間情是苦多樂少。有情人不能相見，是苦；相見而不能相聚，更苦；相見復知對方消瘦而生憐，卻無法照顧，更是苦中之苦。故人不惜在衆目睽睽之下搴帷相問，由不能問、

不敢問而不惜一問，可見彼此相見之難，相思之苦。「不惜」二字，更道出伊人心中多少勇氣與憐惜。

下片言相思之情。

下車首三句言夢中的香車漸行漸遠。「輕雷」，喻車聲轔轔。詩人悲歡在夢裡都難以相隨，夢醒後又如何能夠追問對方的音訊呢？詩人以白描手法直抒內心的淒涼，情真、意真、景真如此，益能感動千古的傷心人。

末兩句「蠟淚窗前堆一寸，人間只有相思分」，直言夢醒後的惆悵，自言人世間只有白白相思的分兒。「蠟淚」，蠟燭因同情而流下淚來。「蠟淚」復向「窗前」遠眺，無非求見伊人蹤影於萬一，情之癡呆可見。詩人將情感移入外物，使外物人格化、情感化。由外物的生情，更襯托詩人內心恆久的悲。情深而專卻不能廝守，實人生第一悽慘事。元好問〈摸魚兒〉詞：「恨人間，情是何物，直教生死相許」。造物的作弄人，亦往往如是！「只有」二字下得決絕，言人間情感的選擇並無二途。詩人認為人生最可貴者，莫如愛情；人生最可憐者，信是相思。本詞以理性分析作結，情感哀怨而不流於淒厲卑俗，乃王詞一貫的特色。

第七章　〈靜庵詩稿〉讀

　　王國維先生的〈人間詞〉冠絕當世，以悲情與哲思直逼宋人，堪稱清代詞家的殿軍。然其〈靜庵詩稿〉卻鮮爲後世所討論，誠屬憾事。王先生爲深情與思辯之人，其詩稿不及百首，其中雖多應酬之作，但亦不乏記述其平生志氣的警句。縱觀其詩風質直眞摯，語帶沉鬱，擅用「無」用「苦」用「愁」用「夢」等語逕書胸臆；其中用「無」字入詩更是俯拾即是，如「無情」、「無奈」、「無賴」、「無聊」、「無期」等，一再點出紅塵人事的虛幻和其個性的消沈。例：「嫦娥底事太無情」〈八月十五夜月〉、「累累本是無情物」「人生無奈是離愁」〈紅豆詞〉、「早知世界由心造，無奈悲歡觸緒來」〈題友人三十小象〉、「終古詩人太無賴，苦求樂土向塵寰」〈雜感〉、「偶作山游難盡興，獨尋僧話亦無聊」〈拚飛〉、「滴殘春雨住無期，開盡園花臥不知」〈病中即事〉、「人間地獄眞無閒，死後泥洹枉自豪」〈平生〉。詩人借由塵世無常無奈的惆悵，呈現其內心糾結的失落感覺。詩人所言的情並非單指某特定人事的情，而是一種莫明的愁緒情懷，由此牽引出天下古今可憐人潛藏在內心的共同悲感。這是對於人間世永恆悲情的代言，在王先生的詩稿中表露無遺。

拚飛

　　拚飛懶逐九秋雕，孤耿眞成八月蜩。偶作山游難盡興，獨尋僧話亦無聊。歡場祗自增蕭瑟，人海何由慰寂寥。不有

言愁詩句在，閑愁那得暫時消。

雜感

側身天地苦拘攣，姑射神人未可攀。雲若無心常淡淡，川
如不競豈潺潺。馳懷敷水條山裡，託意開元武德間。終古
詩人太無賴，苦求樂土向塵寰。

八月十五夜月

一餐靈藥便長生，眼見山河幾變更。留得當年好顏色，嫦
娥底事太無情？

五月十五夜坐雨賦此

積雨經旬煙滿湖，先生小疾未全蘇。水聲粗悍如驕將，天
色淒涼似病夫。江上痴雲猶易散，胸中妄念苦難除。何當
直上千峰頂，看取金波湧太虛。

塵勞

迢迢征雁過東皋，謖謖長松捲怒濤。若覺秋風欺病骨，不
堪宵夢續塵勞。至今呵壁天無語，終古埋憂地不牢。投閣
沈淵爭一閑，子雲何事反離騷？

病中即事

滴殘春雨住無期，開盡園花臥不知。因病廢書增寂寞，強
顏入世苦支離。擬隨桑戶游方外，未免揚朱泣路歧。聞道
南山薇蕨美，膏車徑去莫遲疑。

以下，吾人僅就〈病中即事〉一首爲例，析論王先生內心的

悲情。

首句「滴殘春雨住無期」。春，本代表一年中最美好的時節，但敏感的詩人卻往往在沈醉於完美的同時，興起好景不常、永恆不再的憂患。春雨綿綿，本就牽引愁人的情緒，一種美好人事率皆流逝的感覺。況且詩人所見的春雨是殘的春雨，表示種種溫馨都已成過去，再會無期。滴，帶出一種短而促的雨聲，無止息的敲打詩人的心頭。這種殘缺是一生的遺憾，滴答的雨聲亦是無止境的淒然寂寞。首句景情交融，寫景實是言情。

次句「開盡園花臥不知」。花，代表的是萬物的生機，也是最炫爛美好生命的寫照。一花的盛開已讓詩人欣羨無比，更何況是滿園的紅花。然而，此言園花開盡，一盡字點出年壽有限，美好的人事頓時轉眼成空，非人力所能強求，由此轉生無限感慨。臥不知，暗示園花的哀榮與詩人無涉。詩人本屬最敏感熱情的一群人，此言詩人與世相遭，無緣把握生命中最美好的一段，自然觸及其內心無比的苦痛。不知是苦，因臥而不知更是無奈。

三句「因病廢書增寂寞」。書，代表的是知識、是智慧、是經驗、是情感，也是心與心相連的橋樑，本爲詩人所鐘愛者。此言廢書，是知詩人對於塵世和生命的追求已是無望。病，言形軀的病，恐亦兼指心靈的傷害。詩人孤獨的個性，在情理兩渺茫的世俗中，更是倍添鬱結。

四句「強顏入世苦支離」。強作歡顏，非詩人率眞的本性。由於世俗生活的責任未了，詩人只好勉爲虛應故事，他對於混濁的紅塵顯然已無留戀，其心靈自然渴望早日能超脫，尋找眞正安身之所。支離，言世間只是連串瑣碎紛亂的糾纏，全無理想宏觀可言。故詩人每以面對人事爲苦。

　　五句「擬隨桑戶游方外」。桑戶，即桑扈，俗謂之青雀。此承接前二句文意，詩人對現世的絕望，遂欲求逍遙於方外。唯一擬字見多情的詩人仍有執著處，對人世間猶有不得瀟灑擺脫的無奈。人生有情是苦，逃情更苦，欲逃而不能逃不得逃之情，更是苦中之苦。

　　六句「未免揚朱泣路歧」。揚朱見路途分歧而痛哭，表面呈現的是無助與無知的感覺，詩人進一步表達的，是人生的無奈皆由於命運的無常，此實非人力所能左右。人無法掌握自我的未來，對於世局惡劣的環境亦缺乏改變的動力。敏感的詩人既不甘心放棄，但又無法承受執著的苦痛，其內心的悲情自然是註定永無排除之日。

　　七八句「聞道南山薇蕨美，膏車徑去莫遲疑」。詩人以自勉之詞作結。莫，叮嚀語。他希望能如伯夷退隱首陽山般早日不問世事。然而，情理交錯的詩人只是停留在一「聞」字上而未能果斷的盡脫浮生，「遲疑」一語正好點中他內心軟弱失敗的一面。詩人走上自殺之途，顯然與他的悲情有密不可分的關連。

　　王先生的詩復擅長表達人生的哲理。他偶以冷靜觀物而力求不為物所牽引。如：「靜中觀我原無礙，忙裡哦詩卻易成。歸路不妨冒雷雨，茲游快絕冠平生」〈五月二十三夜出閶門驅車至覓渡橋〉、「忍把良辰等閑過，不辭歸路雨沾巾」〈九日游留園〉，頗得蘇軾〈定風波〉中曠達的興味。然而，純理性的批判終於不能擺脫這份永恆的淒然。由王先生的哲理詩更突顯出他內心深處錯綜感性的掙扎。

書古書中故紙

昨夜書中得故紙，今朝隨意寫新詩。長捐篋底終無恙，比
入懷中便足奇。黯淡誰能知汝恨，沾涂亦自笑余痴。書成
付與爐中火，了卻人間是與非。

欲覓

欲覓吾心已自難，更從何處把心安？詩緣病輟彌無賴，憂
與生來詎有端。起看月中霜萬瓦，臥聞風裡竹千竿。滄浪
亭北君遷樹，何限棲鴉噪暮寒。

五月二十三夜出閶門驅車至覓渡橋

小齋竟日兀營營，忽試霜蹄四馬輕。螢火時從風裡墜，雉
垣偏向電邊明。靜中觀我原無礙，忙裡哦詩卻易成。歸時
不妨冒雷雨，茲游快絕冠平生。

六月二十七日宿硤石

新秋一夜蚊如市，喚起勞人使自思。試問何鄉堪著我，欲
求大道況多歧。人生過處唯存悔，知識增時祇益疑。欲語
此懷誰與共，鼾聲四起斗離離。

以下，吾人僅就〈六月二十七日宿硤石〉一首為例，申述王
先生的哲思。情理至盡頭，已然混融一體。

首二句「新秋一夜蚊如市，喚起勞人使自思」。詩人由外在
的景物拘起內心的情懷。秋天，是一美好但卻短暫的季節。秋天
的晚上，如果是闔家團圓或有知音相伴，本來是舒適而溫馨的時
刻。但對於遊子而言，一年將盡，又是靜夜無聊，故也是牽掛追
憶的日子。一夜，言整夜。蚊如市，形容外界的嘈雜，也相對地
點出詩人心境的空虛孤獨，難以成眠。勞人，指在外勞碌，終日

飄泊無定所的詩人。詩人經年流落在外，了無所得，遂不自禁的陷入沉思，追悔平生。

三四句「試問何鄉堪著我，欲求大道況多歧」。詩人反覆深思而警醒，他理性的檢討平生多年爲追求理想，飄泊天涯，但迄今仍無法找尋到安身立命的地方。反而世事多磨，自己屢次爲人生的歧路所苦，無法突破，亦無力超脫。倦殆淒涼之情，溢於言表。

五六句「人生過處唯存悔，知識增時祇益疑」。一存字下得執著，一唯字寫盡淒涼意。兩句由言情而說理，追悔一生執著而徒勞無功。詩人擁有極端悲觀的人生觀，他並不認爲人生的意義是有光明希望與溫情的一面。他歸納現實人事的種種失敗和乏力的經驗，透過一悔字訴盡幾許過去卻不能遺忘的淒然。在人情方面，無善無愛，只有功利與虛詐，詩人一生付出，只是落得無限的追悔；在知識方面，亦無所謂絕對的眞理，徒然增加內心的疑惑。一祇字全然否定知識的意義。詩人自覺學問的盡頭，也是一連串的不可知和不確定。世間人事都是充滿變數和無常，難覓永恆。詩人兼具既多情復多疑的性格，但可惜在情理兩方面都無法滿足而卻又無法看破，遂註定悲苦一生。

七八句「欲語此懷誰與共，鼾聲四起斗離離」。詩人以孤獨無語作結。兩句由情理復歸於客體世俗的描寫，與首句前後呼應。詩人理性的分析人生，只有悔與疑二字，然而在情感上仍希望與人分享此一落寞的情懷。可是世間知音難求，甚至連可以共語的人亦不可得。詩人把內心的悲痛一直推到無盡的谷底，周遭能感覺的只有那陣陣煩擾的鼾聲。世人的無知無覺，更襯托出詩人的執著與多情，以至那一份極致孤獨的心靈。

致羅振玉書手迹（胡厚宣藏）

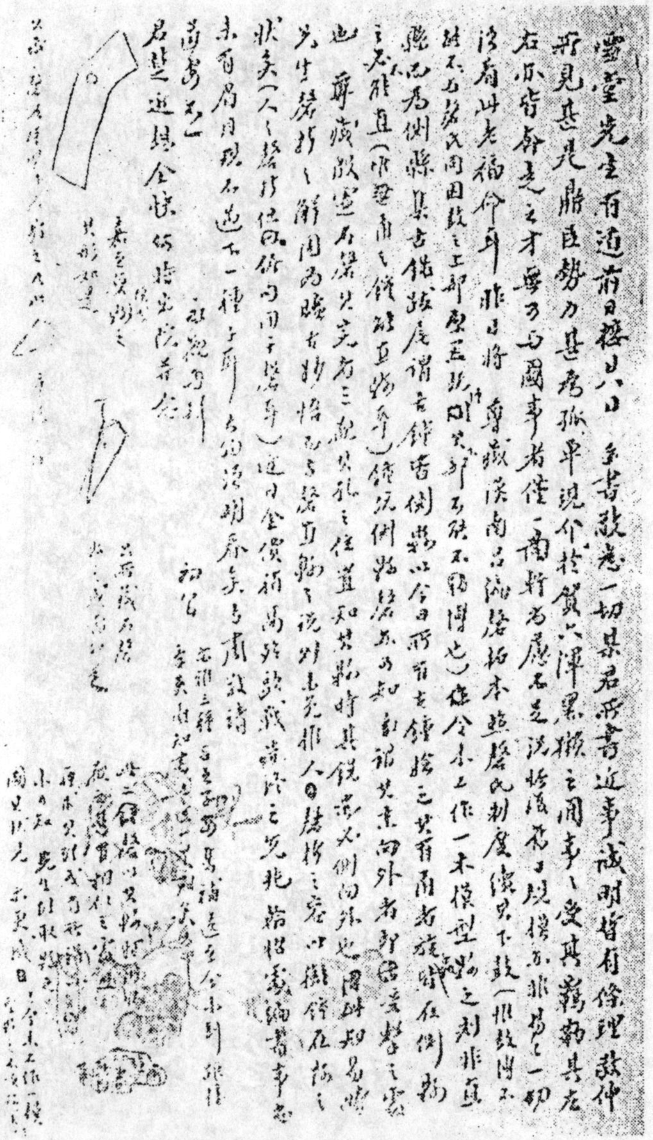

致羅振玉書手迹（羅繼祖藏）

手教并漆器銘考致讀悉譯文誤處漢諱于帒側

尊考年多確實惟第十六簡寧大尸播遂德于□□第十六簡

雲尸咸臧里附城新　尊意視功二人新意大尸女宦子与

附臧女爵也惟播咸德子以三宦而名此品而疑此主有之人

必囧囧臧寧文宦百以統屬王若子以附城十□此事乃步

故都忘王及擇功一人□□此義□尊稱附上行候

耑白祁先生左右

中冊第蔣昭

致容庚書手迹（容庚藏）

保之仁兄閣下一昨接

手書敬悉一切滙票四元學術叢編三冊並已收到當交哈園住書店

如命寄奉但哈園於塾人辦事頗有折扣一折如書契後倘不足四元則當

行寄還已將音奉事歸周後現寓天津一其拙書莫跋撐補正商攜選

多但尚未寫定印行孫攺樂又樂例　弟前歲汲印得貝祐芬汲氷等碑

以左稿石印　甲之其書聖而發明旧拓照搨其書冽不更顛也怀此

專頁即請

怀海左一

　　　　弟王國維頓首

　　郭沫若

致陳邦懷書（陳邦懷藏）

孟頻盦兄有道 數月以來憂悸忙迫迄無可語其事止

月始得休息 現主人在津遲遲歸未乎不足為錢耳此間

諸生此而中間派別意見排擠傾軋乃与平時懸異故片

作工月中已決就清華學校之聘金宗女概遷往清華

聞離此入海計亦良得數月不親書卷直覺心思散漫

食頃收品姚魏品重記舊業耳廬上諸老想均安善兩

老在津肖諱諾次月內尚須西歸一行方南返耳 古老

孟和等返京路新守此此書示之 本月內能達居西時

再有書奉 閱此 兄今歲春夏間想必百北行企業盛

展木甚需時日否寧商敦請

弟 維樹白 三月百

掃澂元一

致蔣汝藻書手迹（上海圖書館藏）

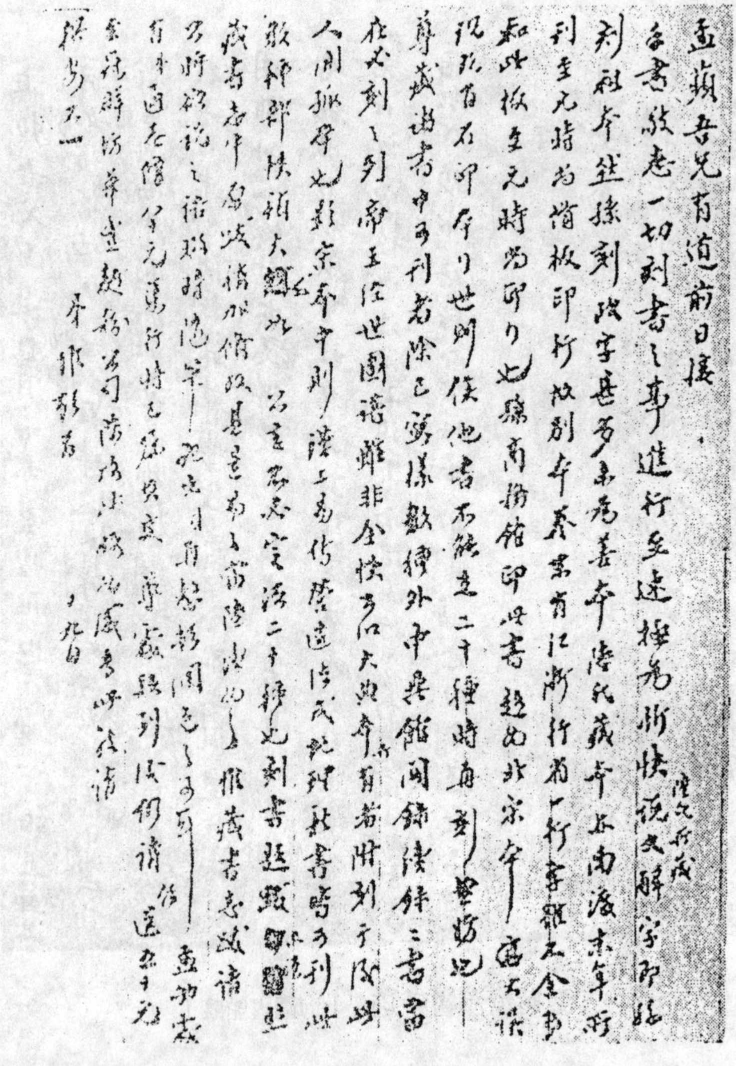

致蔣汝藻書手迹（上海圖書館藏）

致汪康年書手迹（上海圖書館藏）

致許同藺書手迹（上海圖書館藏）

正字总就三十一章據皇象本顏木三十二章宋太宗御書章六

十三字得千九百五十三字除複重字三百三十五尚得千六百

十八字而蒼頡本三千三百字且有複字則意就之字固已踰蒼

頡之半則輯蒼頡者宜亟先於此而乃搜張邠之刊詁許李趙之

本文此余所未解者一也任爲二家蒼頡各自爲卷孫氏以

下亦每部各加區別然魏晉以後三蒼盛行而蒼頡割裂漦廖容

斟酌行之本揆實之書既合於三蒼亦渻諸之蒼頡如章宓閟

喜萹爲蒼頡下萹是此故同一字此而或引蒼頡或引三蒼如

顧野王玉篇所引有蒼頡無三蒼司馬貞史記索隱所引有三蒼

無蒼頡未必玉篇所引悉爲李趙之皆索隱所引虛出三蒼中下

重輯蒼頡篇遺墨

二卷也以此分類殊為駢枝此余所未解二也蒼頡三篇皆四字
為句二句一韻由近世敦煌所出缺書殘紙是以證之乃或信古
郎行野說謂蒼頡十五篇即說文部目五百四十字遂包取以八
徐不知以字音分部乃初目弟尼其部首諸字或中所部之字抽
更收固非頑行之字蒼頡無此出之此余所缺解者正也今蒴所
輯以漢殘闌之所存揚雄杜林之所說以尽就蒴所曰蒼頡正字
為上卷而以揚杜張郭之說此字省附焉其餘諸書所引蒼頡三
茫之字并為下卷為漢志所辭蒼頡之字下卷則隋志所錄
三倉之字又別本字隙注焉二家詩次第不可尋故仍用孫氏
書例以說文部目為之編次取便徧閱此輯輒諸衆得失賢者能

重輯蒼頡篇遺墨

跋段懋堂手迹遺墨

平生於小學最服膺懸臺先生以為許沒長後一人也餬其手迹倘
世甚稀徒兄高鄰王氏巌先生致慎祖潁浴手札十許適歎為巨
覿此紙出唐樓勞氏与兄嘉諸名人致巌隋能書札同在一冊中蹈
巌氏物耶味巌先生抑條能父亭塘之引弼耶亭雨庚至後三日
什袭成圉維記

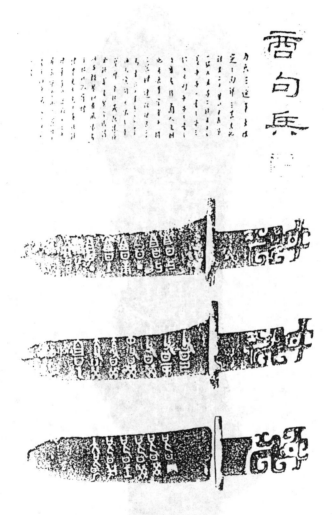

鐘鼎題跋遺墨

干支表
（《殷契卜辭》165）

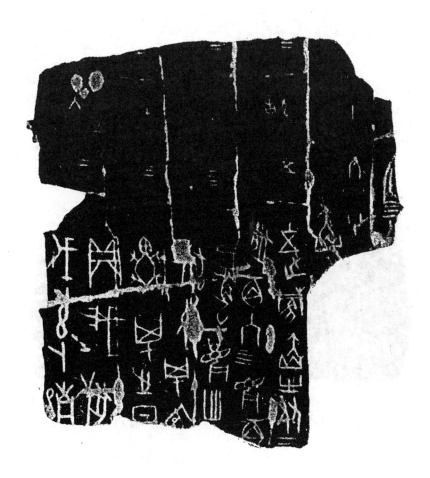

田獵卜辭（《殷虛文字乙篇》2908）

記鳥星卜辭（《殷虛文字乙篇》6664）

記四方風名（《甲骨文合集》14294）

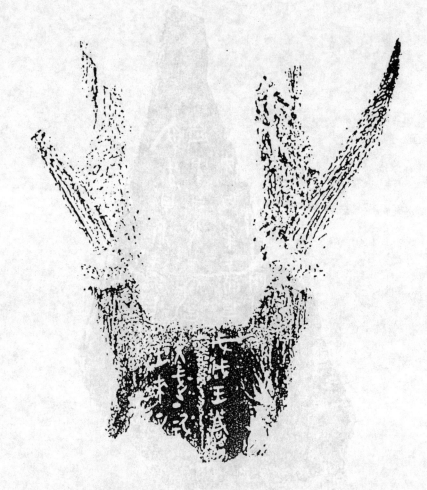

鹿頭刻辭（《殷虛文字甲篇》3940）

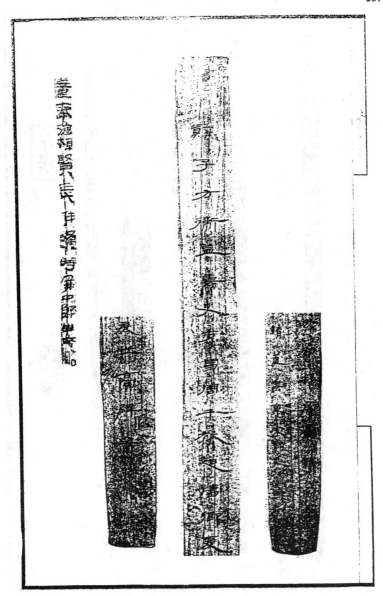

小學術數方技書

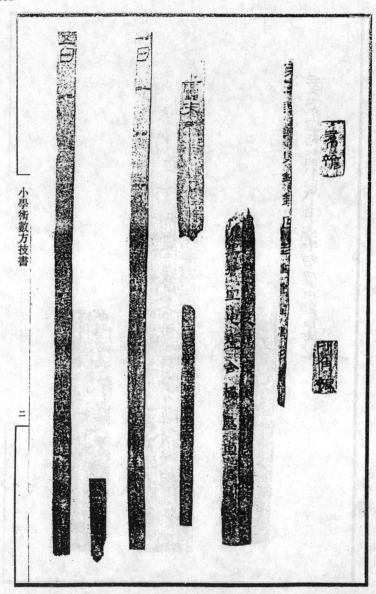

小學術數方技書

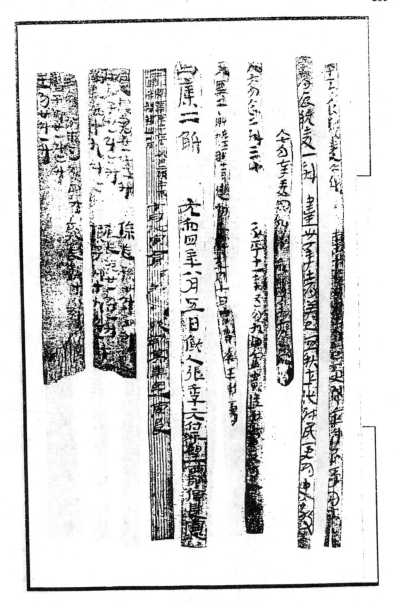

屯戍叢殘

屯戍叢殘

屯戍叢殘

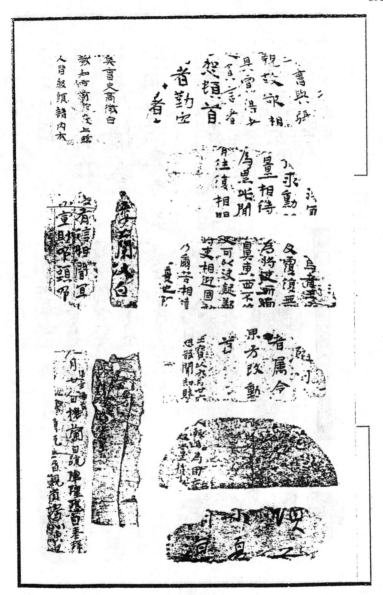

簡牘遺文

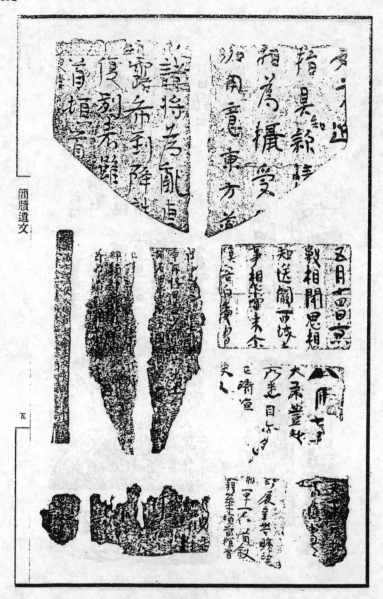

簡牘遺文